Tom Mögele

Das **MindFlow-**
Konzept

Tom Mögele

Das **MindFlow-**Konzept

Wie Sie durch Nicht-Wollen
und Nicht-Tun alles erreichen

MOMANDA

Wichtige Hinweise des Verlages

»Das MindFlow-Konzept« ist die im Herbst 2018 überarbeitete und erweiterte Version des 2017 erschienenen Buchs »MINDFLOW – Wie Sie durch Nicht-Wollen und Nicht-Tun alles erreichen«.
In diese aktualisierte Fassung sind zahlreiche Erkenntnisse und Informationen aus Seminaren und aus Rückmeldungen von Teilnehmern eingeflossen.

© 2018 Momanda GmbH, Rosenheim
Alle Rechte vorbehalten
Lektorat: Maria Müller-de Haën und Gitta Lingen
Cover: COMAKO, Grünwald
Zeichnungen (Asanas, Mudra, Erdung,
Energieaufnahme): Susanne Lesser
Piktogramme: www.flaticon.com
Satz/Layout: Birgit-Inga Weber
Gesamtherstellung: Bernhard Keller
Druck: CPI, Moravia Books
ISBN 978-3-95628-009-2

WENN DU
ALLES LOSLÄSST

UND AN NICHTS MEHR FESTHÄLTST,

DANN WIRST DU
ALLES BEKOMMEN.

Inhalt

MindFlow

Inhalt

MindFlow

VORWORT

Liebe Leserin, lieber Leser,

im Lauf der letzten Jahrzehnte habe ich viele Methoden, Heilungstechniken und Coaching-Ansätze erfahren und erlernt, die sich für mich im Nachgang dann immer als langwierig oder umständlich erwiesen haben.

Das System »MindFlow« von Tom Mögele war für mich etwas Neues, das ich bislang so nicht erlebt hatte. Wie kann ich im Leben mehr erreichen durch NICHT-TUN? Wie kann ich meine sowie die Blockade von anderen Menschen nutzen, um kraftvoller und stärker zu werden?

Hier fällt mir das Bild eines Qigong-Meisters ein, der von zehn Personen gleichzeitig geschoben wird: Je mehr Menschen ihn schieben, desto mehr Energie erhält er und desto zentrierter und kraftvoller wird sein Stand.

Als Tom uns zum ersten Mal von seinem System erzählte, klang das für mich utopisch und unglaubwürdig. Ich konnte mir nicht vorstellen, dass man Energie in einem angespannten Umfeld nur durch die eigene innere Haltung und durch den eigenen Zustand verändern und verbessern kann – und dass man dadurch selbst noch mehr Energie erhält.

Ich konnte mir nicht vorstellen, dass ein NICHT-WOLLEN uns genau dorthin führt, wo unsere eigentliche Bestimmung liegt.

Ich konnte mir nicht vorstellen, dass Blockaden nichts anderes sind als gestaute Energien, die man – wie bei einem Luftballon, der durch eine Stecknadel zum Platzen gebracht wird – schnell und sehr einfach wieder in Fluss bringen kann.

Doch ich wurde eines Besseren belehrt. All das ist so einfach, dass wir diese Einfachheit erst wieder neu verstehen und erlernen müssen.

Das war für uns als Verlag neu, hat sich aber Schritt für Schritt auf intellektueller Ebene immer weiter erschlossen, bis wir es als intellektuell verständliches System in dieses Buch gießen konnten. Wenn Tom energetisch arbeitet, kann man fühlen und an den Gesichtern der Menschen ablesen, dass soeben etwas geschehen ist und sich etwas aufgelöst hat.

In diesem Buch wird eine Herangehensweise vorgestellt, um in diese Arbeit einzutauchen: Das Wissen, die Übungen und die Tools werden Ihnen einen Zugang zu dem einzigartigen MindFlow-Konzept ermöglichen.

Ich habe Tom Mögele im Februar 2017 mit einer Reisegruppe von 45 Teilnehmern auf seiner Indienreise begleitet und bin Zeuge geworden, wie sich tiefsitzende Blockaden, die einen Menschen seit Jahren behindert haben, binnen weniger Minuten auflösten. Staunend habe ich mich mit Seminarteilnehmern darüber unterhalten, was die Arbeit von Tom Mögele bei ihnen bewirkt und wie sich ihr Leben daraufhin zum Positiven verändert hat. Diese Erfahrungsberichte finden Sie hier eingestreut zwischen einigen Kapiteln.

Besonders in Erinnerung geblieben ist mir der Erfahrungsbericht von Ursula, die ihre Veränderungen durch MindFlow mit einer so emotionalen Tiefe, Authentizität und Ehrlichkeit äußerte, dass es mir, so wie damals dieser älteren Dame auf der Busfahrt von Jaipur nach Udaipur, heute noch die Tränen in die Augen treibt.

Wir wünschen Ihnen viel Freude beim Lesen!

Frühjahr 2017 / Neuauflage im Dezember 2018

Bernhard Keller
Momanda Verlag

Ursula aus Unterentfelden/Schweiz, 2017

Ich bin seit knapp zwei Jahren bei Tom. Ich bin einfach angekommen. Das wirkt sich auf das ganze Leben aus: Beziehungsarbeit und das Bewusstsein. Es ist das schönste Gefühl, das man haben kann: Bei sich selbst ankommen. Nichts mehr wollen zu müssen. Einfach nur SEIN.

Ich habe immer geahnt, dass es das gibt, in meinem Herzen immer gewusst, dass es dieses Gefühl gibt. Aber ich habe es nur sehr selten erfahren. Und wenn du es dann erfährst und du weißt, wie du das immer wieder aufbauen kannst, wie du immer wieder in dieses Gefühl kommen kannst, ja, das ist für mich das »Ankommen«.

Auch die Mitmenschen durch dieses Bewusstsein besser zu verstehen ist so ein Segen. Nicht mehr dieses Kämpfen-Müssen oder Haben-Wollen. Einfach SEIN. Das ist für mich das Intensivste daran.

Dieses unglaubliche Ankommen ist für mich das größte Geschenk, das mir ein Mensch je machen konnte, mir zu zeigen, wie komme ich an. [Sie weint.] Da kannst du nichts dazu sagen. Es ist einfach ein unbeschreibliches Geschenk. Und zu wissen, dass du es nie verlieren kannst, du hast es immer bei dir. Ja, das ist alles.

Es ist alles und nichts.

Das Nichts ist alles.

Ich habe das immer wieder gelesen. Aber was ist das? Wie fühlt sich das an? Wie ist das? Und wenn du das spürst und du da drin bist, in diesem Bewusstsein, dann sagst du nichts mehr. Du sprichst gar nicht mehr.

Es ist einfach nur unendliche Stille.

EINLEITUNG

Was Sie von diesem Buch erwarten können

Jeder Mensch ist unterschiedlich und hat seine eigene Wahrnehmung. Somit verfügt jeder von uns über seine eigene Realität. Sehr oft beschränken wir uns in dem, was wir sind, und versuchen stattdessen, das zu erreichen, was wir sein wollen. Das Wollen kommt meist von außen, es wird durch Werbung, von der Familie oder der Gesellschaft als ein Wunsch in uns angeregt.

Im Wollen liegt das größte Problem, denn um Ziele mit Wollen zu erreichen, bedarf es sehr viel Energie. Jedes Ziel, das ich für mich selbst definiere, zeigt meiner Existenz an, dass ich etwas sein oder etwas erreichen muss. Aber genau an dem, was ich erreichen möchte bzw. was ich ersehne, mangelt es mir in diesem Moment. Somit fokussiere ich mich auf den Mangel und benötige enorm viel Energie, um ihn einzudämmen.

Das Mangelbewusstsein sorgt in Kombination mit Techniken, die über das Wollen arbeiten, für einen erheblichen Energieverlust. Außerdem gilt: Wer ein Ziel hat, limitiert sich im Grunde schon!

Der allgemeine Energieerhaltungssatz besagt: »*In einem abgeschlossenen System ist die Summe aller Energien konstant; die Gesamtenergie bleibt erhalten.*« Wenn ich also zu wenig Energie besitze, muss ich sie vorher abgegeben haben.

Noch detaillierter drückte es Hermann von Helmholtz (1821–1894) aus: »*Energie kann weder erzeugt noch vernichtet werden. Sie kann nur von einer Form in eine andere Form umgewandelt oder von einem Körper auf andere Körper übertragen werden.*«

Blockaden sind ein Energiestau. Dieser Energiestau kann von Menschen, die über das entsprechende Wissen und die Techniken verfügen, genutzt werden.

In diesem Buch werden Teile dieser Techniken einer breiteren Öffentlichkeit vorgestellt. MindFlow basiert auf altem Wissen, das seit Tausenden von Jahren nur vom Meister an seine Schüler mündlich weitergegeben wurde. Als Meister dieses alten Systems habe ich dieses Wissen aufbereitet und in das MindFlow-Konzept überführt, um es in der heutigen Zeit vielen Menschen zugänglich zu machen.

Sind Sie der Meinung, dass Sie zu viel Energie besitzen? Dann legen Sie bitte das Buch zur Seite oder verschenken Sie es. Sollten Sie dagegen eher das Gefühl haben, zu wenig Energie zu haben, dann »Herzlich willkommen«! Im Kern bewirkt MindFlow eine Erhöhung des Energieniveaus unseres Körpers. Dadurch ist es uns möglich, einen erhöhten Be-

wusstseinszustand einzunehmen, den wir als »G4«
bezeichnen.

Lernen Sie die Techniken kennen, mit deren Hil-
fe Sie für sich zusätzliche Energie erhalten kön-
nen. Und ich verrate Ihnen vorab ein Geheimnis:
Wenn Sie genug Energie haben, lösen sich alle Ihre
Konflikte und Probleme wie von selbst – durch
»NICHT-TUN«!

Ihr
Tom Mögele

Mein bisheriger Weg

Ich kam auf diese Welt, ausgestattet mit Fähigkeiten, die mir das Leben mit meiner Familie und meinen Mitmenschen nicht einfach machten. Zum einen war ich viel sensibler als andere Kinder, zum anderen hatte ich völlig andere Gedankenansätze und ging dadurch mit Dingen anders um, als man es von Kindern normalerweise erwartet. Meine Familie wurde durch meine Art und Weise, auch wie ich die Dinge wahrnahm und annahm, sehr herausgefordert. Ich sah Ereignisse, die geschehen würden, konnte Menschen und ihre Situationen exakt beschreiben, aber man glaubte mir nicht, obwohl sich meine Aussagen im Nachhinein immer als wahr herausstellten.

Lange Zeit lebte ich in meinem eigenen Kosmos. Als Teenager begann ich, viel Sport zu treiben, um durch körperliche Erschöpfung die erweiterte Wahrnehmung auszuschalten. Das funktionierte einige Jahre sehr gut, bis zu dem Zeitpunkt, als ich sechzehn Jahre alt wurde und mich diese Wahrnehmung wieder einzuholen begann. Das Gegenteil war jetzt der Fall: Je mehr Sport ich trieb und je mehr mein Körper ermüdete, desto feinfühliger wurde ich.

Diese Feinfühligkeit eröffnete mir im Berufsleben viele Möglichkeiten, und wenn ich mich auf mich selbst verließ, lief alles hervorragend. Sobald ich aber versuchte, Situationen auf der »normalen«

Verstandesebene zu lösen oder Menschen und Geschäftspartner intellektuell zu verstehen, kam meistens nicht das heraus, was erwünscht war, und ich geriet wiederholt in schwierige Situationen. So entschied ich mich, Verstandesentscheidungen aus meinem Leben zu verbannen und mich nur noch auf mich selbst und mein Gespür zu verlassen.

Anfangs war ich unsicher, doch wie ich feststellte, war dies tatsächlich der bessere Weg. Menschen traten in mein Leben, die mich darin unterstützten, diese Sinne zu schärfen. Manche Situationen waren sehr ungewöhnlich und für viele unglaublich, aber sehr effektiv. Mein Leben wurde immer einfacher, und je einfacher es wurde, desto mehr verstand ich, was es umzusetzen galt.

So habe ich MindFlow entwickelt, mit dem Ziel, das Leben einfach werden zu lassen, damit wir es in jeder Hinsicht als lebenswert empfinden. Durch die Anwendung dieses Systems wird deutlich, dass alles, was geschieht, einen Sinn hat, welche Aufgaben vor uns liegen, was der nächste Schritt ist und wie wir mühelos mehr erreichen können.

MindFlow hat sich in meinem Leben tausendfach bewährt und wird täglich von meinen Klienten und Seminarteilnehmern umgesetzt und gelebt. Seit 2014 gebe ich mein Wissen in Seminaren weiter.

Nach langen Gesprächen habe ich mich 2016 entschlossen, es auch in einem Buch zu vermitteln: Möge es Ihr Leben auf allen Ebenen einfacher, weiser und erfolgreicher machen.

Was sich durch MindFlow in Ihrem **LEBEN VERÄNDERN** wird

Die meisten Menschen sind darauf aus, Stress, Ärger und Konflikte zu vermeiden. Das ist durchaus verständlich, denn durch Stress wird der Fluss der Lebensenergie blockiert, und unser Energieniveau sinkt; die Folge sind Krankheiten, Erschöpfung, psychische Störungen und ganz allgemein ein an Leib und Seele geschwächter Mensch.

Die gute Nachricht lautet: Sie können sich den Stress, mit dem Sie konfrontiert werden, zum Beispiel wenn jemand wütend auf Sie ist, zunutze machen, und zwar indem Sie ihn nicht als etwas Negatives abwehren, sondern ihn einfach als eine Form von Energie betrachten, die Ihnen zur Verfügung steht.

Ihr Chef lässt seine Launen an Ihnen aus? Super! Anstatt es zu erlauben, dass er Ihnen den letzten Nerv und damit Ihre Energie raubt, können Sie anhand der in diesem Buch vorgestellten Tools und Praktiken zum einen dafür sorgen, dass es ihm nicht gelingt, Sie fertigzumachen; zum anderen können Sie mit dieser geballten Energie Ihr eigenes Energieniveau anheben.

Im Sinne einer Win-win-Situation profitiert auch der Chef davon, denn er wird einen Teil seiner Blockaden los, und sein Energiepegel steigt ebenfalls. Um das zu bewerkstelligen, müssen Sie in das G4-Bewusstsein wechseln. Wie das geht, wird in den folgenden Kapiteln beschrieben.

Anhand eines eigenen Erlebnisses möchte ich Ihnen jedoch schon an dieser Stelle eine Idee geben, wie Sie im G4 »wie nebenbei« inmitten des Alltags die Blockade eines Mitmenschen triggern und zu deren Lösung beitragen können:

Ich fliege oft in sehr legerem Outfit – so wie kürzlich nach Berlin: in kurzer Hose, T-Shirt mit Loch, Turnschuhen … Trotzdem flog ich in der Business-class. Als ich gerade in der Fluggastbrücke stand, drängelte sich ein Mann im Anzug an mir vorbei, fuhr mir mit seinem Rollkoffer noch fast über den Fuß, und ich dachte: »Wow, so viel Energie …!« Ich machte ihm Platz und bot ihm mit einer einladenden Geste an: »Sie dürfen gerne *vor* mir fliegen.« Er schaute mich an – abgefuckt, wie ich war –, und ihm fiel die Kinnlade herunter.

Nun hatte er zu allem Überdruss das große Problem, dass er auch noch in derselben Reihe mit mir sitzen musste: Ich hatte in Reihe 3 den Platz am Gang, während er am Fenster saß. Ich drehte mich zu ihm hin und sagte: »Oh, wir fliegen ja doch zusammen!«

Der Mann nahm während des ganzen Flugs kein Getränk, kein Frühstück mehr; er klappte nur schnell sein Laptop auf und hackte darauf ein.

Beim Aussteigen trat ich erneut einen Schritt nach hinten, um ihm Platz zu machen, und meinte zu ihm: »Jaaa, Sie haben es ja eilig. Bitte!«

Ich habe ihn nicht schlecht behandelt, ich habe ihn nicht beschimpft. Ich habe nur signalisiert: »Hej, ist okay, ist cool ...« *Ich* hatte Energie – und meinen Sie, dass der Mann das nächste Mal in der Fluggastbrücke wieder gedrängelt hat und jemandem mit dem Trolley über den Fuß gerollt ist? Nein, höchstwahrscheinlich nicht.

Genau das ist die Heilung! Selbst wenn es für kurze Zeit so aussehen mag, als stünde der Mann als Verlierer da: Er hat nur seine *Blockade* verloren! Er hat verloren, dass er sich vordrängeln muss.

Der Mann hätte genauso gut über meinen Spruch lachen können – das wäre die »richtige« Reaktion gewesen. Dann hätten wir eine Weile geredet, und alles wäre nett verlaufen.

Ich hätte auch in den Kampf-Modus gehen und meinen Platz mit einer entsprechenden Ansage behaupten können. Aber mit meiner gelassenen Reaktion ging es mir auf dem Flug richtig gut: Ich schaute immer wieder zu dem Mann hinüber und dachte: »Der arme Kerl muss jetzt so auf sein Laptop reinhacken ...«

Wir müssen nicht mehr mit anderen kämpfen, wir können mit ihnen interagieren!

Dieses Buch ist für Menschen gedacht, die sich in angespannten Situationen befinden, die Ärger in der Familie, mit dem Partner, den Kindern oder im Job haben. Sobald Sie das Buch gelesen und Mind-Flow in Ihr Leben integriert haben, wird Ihr Leben einfacher. Auf meinen Seminaren sage ich immer etwas provokant: »Das Leben wird dann langweilig.« Warum? Weil Sie keinen Stress mehr haben und lernen, Ihr Leben auf einer höheren Ebene neu auszurichten.

Es geht aber nicht nur um ein Erfassen auf Verstandesebene; darüber hinaus werden Körper- und Energieübungen vorgestellt, die Sie auf einer immer tieferen Ebene neu begreifen lassen. Das Wissen geht ins Bewusstsein Ihrer Zellen über: Ja, Zellen haben ein Bewusstsein und verfügen über eine eigene Intelligenz; sobald sie etwas Positives erlebt haben, wollen sie diese Erfahrung wiederholen.

Sind wir im G4, werden zwei Hormone stärker ausgeschüttet: zum einen Serotonin, das Glückshormon, zum anderen das Bindungshormon Oxytocin, das uns sozusagen als »Nebeneffekt« auch jünger aussehen lässt, da sich unsere Muskeln entspannen.

Deshalb lautet mein Rat, dieses Buch mehrmals zu lesen.

Der erste Teil bietet das erforderliche Wissen, um MindFlow intellektuell verstehen zu können und die einzelnen Prinzipien zu begreifen.

Im zweiten Teil folgen Übungen, mit denen Sie in »das G4«, einen hohen Bewusstseinszustand, eintreten können; Sie lernen zudem, wie Sie Energien von anderen Menschen und Situationen für sich nutzen können, ohne den anderen zu schaden.

In einigen Kapiteln werden Themen nur kurz angerissen, die in den darauffolgenden Kapiteln detaillierter erklärt werden. Sollten Sie also über Begriffe, Denkweisen oder Übungen stolpern, die Sie nicht auf Anhieb verstehen, lesen Sie einfach weiter. Das Wissen baut aufeinander auf und ergibt schließlich ein Gesamtbild. Am Schluss wartet ein Power-Tool auf Sie, mit dem Sie Ihr Leben schnell und vor allem nachhaltig positiv verändern können.

Ein Erfahrungsbericht

Ich möchte Ihnen als Einstieg ein weiteres Beispiel vermitteln, wie MindFlow funktioniert und wirkt, damit Sie das theoretische Hintergrundwissen in den nächsten Kapiteln leichter einordnen können.

Eine Seminarteilnehmerin wurde auf der Straße häufig von Hunden angebellt und manchmal sogar angefallen. Sie hatte eine Blockade, weil sie als Kind von einem Collie, den sie streicheln wollte, gebissen worden war. Seitdem hatte sie vor Hunden extreme Angst, die sie den Tieren unweigerlich übermittelte. Sogar friedliche Hunde gingen auf sie los.

Nachdem sie mit dem MindFlow-Konzept nur ein Wochenende lang gearbeitet hatte, konnte sie die Blockade auflösen.

Heute mag sie Hunde; sie hat sogar selbst einen kleinen Hund, den sie überallhin mitnimmt und der ihr ein treuer Begleiter ist. Auch auf der Straße kann sie sich wieder angstfrei bewegen. Hunde reagieren nun friedlich und möchten sogar von ihr gestreichelt werden.

An diesem Beispiel erkennen Sie, wie stark sich das Lösen einer Blockade auf Ihr Leben auswirkt.

Sollte Ihnen das folgende wissenschaftliche Kapitel zu trocken sein, überspringen Sie es einfach. ☺ Lesen Sie in diesem Fall die Zusammenfassung am Ende des Unterkapitels »Die einheitliche Quantenfeld-Theorie von Burkhard Heim« (S. 35f.), die für unsere weitere Arbeit mit Energie und dem G4-Bewusstsein relevant ist.

GRUNDLAGEN:
von Quanten, Dimensionen
und dem **LEBENSLICHT**

Das Nullpunktfeld

Die hier vorgestellten Tools und Übungen wurden auf der Basis meiner Erfahrungen entwickelt und zusammengestellt. Daneben gibt es quantenphysikalische Modelle, die erklären, was ich bei meiner Arbeit erlebe und was Mystiker und Heiler seit Jahrtausenden als spirituelles Wissen und Geheimwissen weitergegeben haben.

Im Folgenden werden die wesentlichen Grundlagen so vereinfacht dargestellt – also ohne die für den Laien kaum verständlichen mathematischen Erklärungen und Formeln –, dass darauf aufbauend auch die Übungen und Tools leichter verständlich sind.

Physiker, von Galileo Galilei über Albert Einstein bis Werner Heisenberg, haben mit ihren Berechnungen die Gesetzmäßigkeiten beschrieben, die der erfahrbaren Welt zugrunde liegen. Sie versuchten etwas zu erklären, was für den in der Dreidimensionalität des Körpers und in der Zeit »gefangenen« Menschen eigentlich nicht verständlich sein kann, da die Quantenphysik unseren »Verstand« sprengt. Der berühmte amerikanische Quantenphysiker Richard Feynman prägte den Satz: »Wer meint, die Quantenphysik verstanden zu haben, der hat sie nicht verstanden.« Die Quantenphysik liefert zwar zuverlässige Formeln, um die Wahrscheinlichkeiten von subatomaren Zuständen zu berechnen, aber sie zeigt auch, dass dort Gesetze gelten, die sich der menschlichen Anschauung entziehen, ja ihr sogar widersprechen. Es ist beispielsweise unmöglich, Ort und Geschwindigkeit gleichzeitig präzise zu bestimmen. Einstein wird wiederum folgender Ausspruch nachgesagt: »Den Rest meines Lebens möchte ich damit zubringen, darüber nachzudenken, was Licht ist.« Damit traf er, wie wir im Folgenden sehen werden, den Kern der Sache.

Der ganze Kosmos lässt sich gemäß den Überlegungen und Ableitungen der Quantenphysik auf eine grundlegende Urenergie reduzieren, das sogenannte »Nullpunktfeld« oder »Quantenfeld«. Auch in den alten mystischen und spirituellen Traditionen war dieses Feld bereits bekannt als die Quelle der gesamten Schöpfung und allen Seins; wir können es auch als »Gott« oder »Geist« bezeichnen.

Photonen

Aus der Teilchenphysik kennt man die Photonen als Trägerwellen/Teilchen des Lichts bzw. Quanten des elektromagnetischen Feldes. Weniger bekannt sind die sogenannten Biophotonen. Die Biophysik stellt einen direkten Zusammenhang zwischen Vitalität/Lebensqualität/Bewusstsein und der Menge und Qualität der Lichtquanten in unserem Energiefeld her, die sich auf den gesamten Organismus und den Stoffwechsel auswirken und regulierend in alle Lebensprozesse eingreifen. Auf der Zellebene des menschlichen Organismus findet ein ständiger Informationsaustausch über diese auch als »Biophotonen« bezeichneten Lichtquanten statt.

Die Biophotonenforschung wurde unter anderem von dem deutschen Biophysiker Fritz-Albert Popp vorangetrieben; er wiederum stützte sich auf die Erkenntnisse russischer Mediziner zum biologischen Informationsaustausch von Zellen über Photonen im ultravioletten Bereich.

Zusammengefasst lassen sich Popps Erkenntnisse darauf herunterbrechen, dass diese Kommunikation nicht allein auf biochemischen Abläufen beruhen kann, da diese Art der Signalübertragung zu langsam vor sich geht. Vielmehr stellt das Biophotonenfeld die höchste Ebene der biologischen Steuerfunktionen dar. Das elektromagnetische Feld, das unseren physischen Körper umgibt, ist demnach keineswegs nur ein bedeutungsloses »Abfallprodukt« der im Körper vorgehenden chemischen Prozesse, sondern spielt sozusagen die Hauptrolle und reguliert sämtliche Lebensvorgänge im Organismus. In diesem Sinne ist der von Popp geprägte Begriff der »Biophotonen«, also des »Lebenslichts«, durchaus im wörtlichen Sinne zu verstehen.

Das Biophotonenfeld als nicht fassbares Trägerfeld, in dem sich die messbaren Biophotonensignale fortpflanzen, entspricht im Rahmen der Erkenntnisse der modernen Physik einem rein elektromagnetischen Energiekörper; weitere feinstoffliche Dimensionen, wie sie aus esoterischen Traditionen als Lichtkörper oder Ätherkörper bekannt sind, werden in diesem Zusammenhang ausgeklammert.

Der Mensch als ein Teil des Kosmos ist letztendlich Energie – sowohl der physische Körper als auch die Gedanken und die Seele. Körper, Geist und Seele beeinflussen sich wiederum permanent gegenseitig; die Bedeutung dieses wechselseitigen Austauschs findet auf der Basis entsprechender Forschung in der Psychosomatik zunehmend Anerkennung. Einfache Techniken befähigen uns, mit der Quelle aller Energie, dem Quantenfeld, in Kontakt zu treten und uns diese Energie zunutze zu machen.

Die einheitliche Quantenfeld-Theorie von Burkhard Heim

Einer der größten und umstrittensten Physiker unserer Zeit ist Burkhard Heim (1925–2001). Er ging bei der Formulierung seiner »einheitlichen Quantenfeld-Theorie« von vier der Natur abgelesenen Gesetzmäßigkeiten aus:

1. Erster thermodynamischer Hauptsatz bzw. Energieerhaltungssatz: Er besagt, dass in einem geschlossenen System Energie weder verloren gehen noch dazugewonnen werden kann.

2. Zweiter thermodynamischer Hauptsatz bzw. Entropiegesetz (Entropie ist der Maßstab für den Grad der Unordnung eines Systems): Das Entropiegesetz besagt, dass das gesamte Universum zur Unordnung tendiert; ein ungeordneter, unorganisierter Zustand wird nur durch entsprechenden Energieaufwand von außen reversibel.

3. Gesetz der Quantisierung bzw. Planck'sches Strahlungsgesetz, gemäß dem alles auf kleinste, diskrete und messbare Energiepakete, die Quanten, heruntergebrochen werden kann.

4. Gesetz der Existenz makroskopischer (d.h. weitreichender) Felder:

a)   Gravitationsfeld;
b)   elektromagnetisches Feld (Photonenfeld).

Heim arbeitete mit dem sogenannten »Minkowski-Raum«, benannt nach dem deutschen Mathematiker Hermann Minkowski (1864–1909), der 1907 einen vierdimensionalen Vektorraum postulierte, anhand dessen sich Albert Einsteins 1905 entwickelte spezielle Relativitätstheorie sehr elegant formulieren lässt und der auch der allgemeinen Relativitätstheorie (1916) von Einstein zugrunde liegt. Einfach ausgedrückt werden hier Raum (Dreidimensionalität) und Zeit (die vierte Dimension) in einer einheitlichen, vierdimensionalen Struktur zusammengebracht, der sogenannten »Raumzeit«.

Heim entwickelte darauf aufbauend ein Modell des Kosmos mit zwölf Dimensionen:

* Die grobstofflichen **physikalischen** Dimensionen X1 bis X3: Raum (Länge, Breite, Höhe);
* die **zeitliche** Dimension X4;
* die feinstofflichen **organisatorischen** Dimensionen X5 (Struktur) und X6 (Zeit);
* die **informatorischen** Dimensionen X7 und X8;
* die **geistigen** Dimensionen bzw. der geistige »Hintergrundraum« G4 (X9 bis X12).

In unserem Zusammenhang bezeichnen wir diese Dimensionen als D1 bis D12.

Die Gleichungen von Burkhard Heim lieferten ihm vier voneinander unterscheidbare Gruppen von Elementarteilchen, die er »Letzteinheiten« nannte:

1. Elektrisch geladene Teilchen mit 6 Koordinaten (D1 bis D6)

2. Neutrale Teilchen mit den Koordinaten D1, D2, D3, D5, D6, also ohne die Zeit D4

3. Sogenannte Wechselwirkungsteilchen (Bosonen) mit den Koordinaten D4, D5 und D6

4. Quanten des Gravitationsfeldes (Gravitonen, Aktivitäten) mit den Koordinaten D5, D6

Gemäß dem Heim'schen Modell ist von G4, also vom geistigen Hintergrundraum aus, jederzeit der »Zugang« auf die Welt der Materie möglich, und zwar über D7 und D8, also die informatorischen Dimensionen, und den organisatorischen Raum D5 und D6. Computergestützte Überprüfungen der Heim'schen Theorie belegen, dass sie bis zur letzten Dezimale mit den entsprechenden Messwerten übereinstimmt.

Letztendlich sagt diese Theorie aus, dass der Kosmos sich in einem ersten Schritt ausgehend vom »G4«, den geistigen »Urbildern«, entwickelte und die Materie in einem zweiten Schritt entstand. Für diese geistigen Urbilder wurde zum Beispiel in alten

Weisheitstraditionen der Begriff »LOGOS« geprägt, in der Bibel fälschlicherweise als »Wort« übersetzt; das fleischgewordene »Wort« ist ein Bild für den Abstieg des Geistes (G4) über die Energie (D5 bis D8) in die Materie.

Alle »Letzteinheiten« enthalten laut Heim die »Transdimensionen« D5 und D6. Dabei ist die 5. Dimension als Maß der Organisation invers zum Entropiebegriff, dem Maß der Desorganisation. Die 6. Dimension steuert diese Organisation in der Zeit. Man könnte es so ausdrücken, dass D5 alle möglichen Strukturen im Kosmos angibt und D6 ihre Verwirklichung in der Zeit D4.

Heim unterscheidet zwischen latenten, d.h. sozusagen »im Hintergrund« stattfindenden Ereignissen im Transraum D5 sowie D6 als möglichen Ursachen für die manifesten Ereignisse im R4 Einsteins, also den Dimensionen D1 bis D4.

Laut den Dimensionsgesetzen von Burkhard Heim ergeben sich 12 Dimensionen. D1 bis D3 sind untereinander austauschbar (Länge, Breite, Höhe), alle anderen nicht. D7 und D8 erweisen sich wie D5 und D6 als informatorische Dimensionen, die kurzfristig Energie bilden und vernichten können. Heim teilte die 12 Dimensionen in einen Bezugsraum D1 bis D6 und einen Hyperraum D7 bis D12 auf.

D1	D2	D3			R3	physischer Raum (Dreidimensionalität)
D4					T	Zeit
D1	D2	D3	D4		R4	Raumzeit
D5	D6				S2	organisatorischer Raum
D7	D8				I2	informatorischer Raum
D9	D10	D11	D12		G4	Hintergrundraum

Das alles lassen wir so stehen; wer mehr wissen möchte, informiere sich über weiterführende Literatur. Wir benötigen dies als Basis für die folgenden Kapitel. Und seien Sie beruhigt: Sie müssen kein Physikstudium absolvieren, um diese Weisheiten anzuwenden.

Zusammenfassend können wir also sagen:

- Materie besteht im Wesentlichen aus Feldern. Diese Felder werden durch Quanten ohne Ruhemasse zusammengehalten, vor allem durch virtuelle Photonen, welche die Struktur der Materie bestimmen, der Materie also übergeordnet sind. In der Physik werden sie »Wechselwirkungsquanten« genannt.

- Die wichtigsten Wechselwirkungsquanten sind die Quanten des elektromagnetischen Feldes einschließlich des sichtbaren Lichtes, die heute allgemein als »Photonen« bezeichnet werden.

- Im Kosmos und auch im menschlichen Körper gibt es nahezu eine Milliarde Mal mehr Biophotonen als Materieteilchen! Man kann also sagen: Der Kosmos besteht hauptsächlich aus LICHT.

- Die erweiterte einheitliche Feldtheorie von Burkhard Heim beschreibt 12 Dimensionen, von denen die Dimensionen 1 bis 3 der physikalischen, materiellen Wirklichkeit angehören; sie stehen für die grobstoffliche Welt. Die 4. Dimension repräsentiert die Zeit. Alle weiteren Dimensionen beschreiben energetische oder geistige Räume: D5 und D6 sind die organisatorischen, D7 und D8 die informatorischen Räume. D9 bis D12 bilden den sogenannten »Hintergrundraum« des Geistes, den wir im Rahmen unserer Arbeit als »G4« bezeichnen.

- Alles wird vom G4 gesteuert, dem Hintergrundraum, der in den alten Traditionen als »Gott«, »Weltengeist«, »Urquelle« oder ähnlich bezeichnet wird.

Auf dieses G4 werden wir in den folgenden Kapiteln weiter eingehen.

Die Dimensionen

Mit der Theorie von Burkhard Heim lassen sich in der realen Welt viele Phänomene erklären. Auch meine persönlichen Erfahrungen mit den 12 Dimensionen und dem »G4-Bewusstsein«, also den geistigen Dimensionen D9 bis D12, lassen sich anhand der Heim'schen Erkenntnisse sozusagen auf eine theoretische Basis stellen.

Interessanterweise wird in der Bibel in Genesis 28,12 die sogenannte Himmelsleiter (Stiege) mit 12 Stufen beschrieben, deren Anzahl wiederum der Nummerierung des Verses entspricht: 12! In Analogie gilt Jesus im Neuen Testament als die neue Himmelsleiter (Johannes 1,51), und er hatte 12 Jünger.

Burkhard Heim hat versucht, mit seinen 12 Dimensionen die Welt zu beschreiben. Sobald wir mit Energien arbeiten, begeben wir uns auf eine »göttliche« Ebene, von der aus wir die Welt steuern können.

	Burkhard Heim	Esoterik / Spirituelle Lehren
D12	G4-Bewusstsein	Spirituelle Ebenen
D11		
D10		
D9		
D8	Globales Informationsfeld I2	2. Kausalebene
D7	Globales Informationsfeld I1	1. Kausalebene
D6	Energetisches Steuerungsfeld S2	Mentalebene
D5	Energetisches Steuerungsfeld S1	Astralebene
D4	Zeit	Zeit
D3	z-Koordinate	Höhe
D2	y-Koordinate	Breite
D1	x-Koordinate	Länge

Sämtliche »erlebbaren« Ereignisse für uns Menschen scheinen in Einsteins Raumzeit, dem R4, stattzufinden (D1–D4). Dies stimmt jedoch so nicht, und um Ihnen das zu zeigen, werden wir uns zusammen auf die Reise durch die Dimensionen begeben.

Der physikalische Raum D1–D3 entspricht der grobstofflichen irdischen Welt mit ihren drei (geometrischen) Dimensionen der Länge, Breite, Höhe. Die vierte Dimension D4 ist die Zeit bzw. die Raumzeit Einsteins. Weiter geht es mit dem feinstofflichen Strukturraum D5 und D6, den energetischen Steuerungsdimensionen, die organisierend in den physischen Bereich D1–D4 der Materie eingreifen. D7 und D8 sind die informatorischen Dimensionen; hier finden sich sowohl individuelle als auch kollektive Informationsmuster. Die Dimensionen D9 bis D12 stellen den Hintergrundraum bzw. die geistige Ebene G4 dar.

Um Ihnen anschauliche Beispiele zu geben:
- Wenn jemand meint, Geister bzw. Astralwesen zu sehen: Auf welcher Ebene befindet er sich? Auf D5.
- Jemand macht mentale Programmierung und mentale Arbeit: Das heißt, er befindet sich auf D6.
- Jemand steht permanent unter Zeitdruck: Er befindet sich auf der Ebene D4.

Der Mensch ist ein energetischer Vortex, um ihn herum fließt Energie, die den »göttlichen Funken« in sich trägt. Jeder Mensch hat eine bestimmte Menge an Energie zur Verfügung. Wir alle tragen in uns aber Energieblockaden, die diesen Strom der Lebensenergie behindern. Indem dieser Knoten gelöst wird, wird Energie freigesetzt. Es gibt viele Ansätze, um diese Energie zur Heilung und Befreiung zu nutzen, beispielsweise die Akupunktur, aber auch Massagen oder Entspannungstechniken. In unserer Arbeit begeben wir uns in den G4-Raum, um diese Blockade nicht nur abzubauen, sondern in Energie umzuwandeln, die sowohl uns selbst als auch Menschen, mit denen wir in Interaktion stehen, zugutekommt – durch NICHT-TUN bzw. NICHT-WOLLEN, also ohne zielgerichtetes Handeln (siehe Kapitel »Das Konzept des NICHT-TUNs«, S. 108ff.).

Erinnern Sie sich an den Energieerhaltungssatz, der besagt, dass die Gesamtmenge an Energie in einem System immer gleich bleibt! Der Energieerhaltungssatz gilt in G4 nicht mehr, sonst würde mathematisch betrachtet Materie gegen unendlich laufen. Das ist das Einzigartige an unserem Ansatz. Erst im G4-Bewusstsein kann man auf der geistigen Ebene etwas verändern, ohne etwas zu tun und ohne durch den Austausch mit einem anderen Menschen unter Umständen Energie zu verlieren!

Dies kann man sich beispielsweise in der Heilarbeit zunutze machen, aber auch im alltäglichen Umgang mit anderen Menschen.

Daniel aus der Schweiz

2009 hatte ich über mehrere Wochen ein Burn-out. Kurz darauf zerfiel auch noch die Familie. Da war ich so richtig am Tiefpunkt.

Seit ich die Arbeit von Tom kennengelernt habe, hat sich alles verändert. Das Wissen, das er vermittelt, ist sehr einfach anzuwenden. Ich stehe am Morgen auf und habe viel Kraft und Power; ich habe das Gefühl, ich könnte Bäume ausreißen. Und am Abend bin ich immer noch fit. Durch die Asanas und dadurch, dass ich häufig im G4 bin, behalte ich meine Kraft und Energie. Das ist das Schöne an dieser einfachen Übung. Man spürt es bereits beim ersten Anwenden: Man macht sie und merkt, wow, das hilft. Alle anderen Techniken und Methoden, die ich vorher gemacht habe, hatten einfach nicht diese Wirkung.

Ich führe in der Zentralschweiz eine Firma mit 25 Mitarbeitern. Bevor ich Tom 2013 kennengelernt habe, war ich wieder kurz vor einem Burn-out. Doch seitdem ich das MindFlow-Konzept in mein Leben und in die Firma mit einbezogen habe, hat sich auch mein ganzes Umfeld verändert. Das heißt, der Firma geht es besser und mir geht es besser. Es ist eine absolute Win-win-Situation. Einfach genial. Seitdem ich diese Arbeit mache, um bei mir zu bleiben, sind Konflikte keine Herausforderungen mehr. Konflikte sind ein Spiel, das du dann halt spielst. Du weißt, wie du es zu spielen hast, und die Konflikte lösen sich sehr einfach auf.

Also, ich liebe Konflikte.

ENERGETISCHES
Grundwissen

Die Nadis

Im Sanskrit bedeutet »Nadi« so viel wie »Rohr, Kanal oder Fluss« und bezeichnet die feinstofflichen Energiekanäle im Körper, in denen die Lebensenergie, das Prana, fließt. Sie sind feiner als die Nervenbahnen und eng mit dem Nervensystem verbunden. Sie werden über die Chakras, also die Energiezentren, mit Energie versorgt. Nadis befinden sich an allen Stellen des Körpers.

Die drei wichtigsten Nadis oder Hauptleitbahnen sind Susumna, Ida und Pingala Nadi. Wie beim Symbol des Äskulapstabs verlaufen Ida und Pingala spiralförmig um das Susumna Nadi, in dem

die Kundalini-Energie von unten nach oben gelei-
tet wird. Der Äskulapstab zeigt sinnbildlich den
»erweckten« Menschen, wobei hier die Kundalini-
Energie gemeint ist, die dann über das Kronenchakra rechts und links abstrahlt.

Susumna Nadi

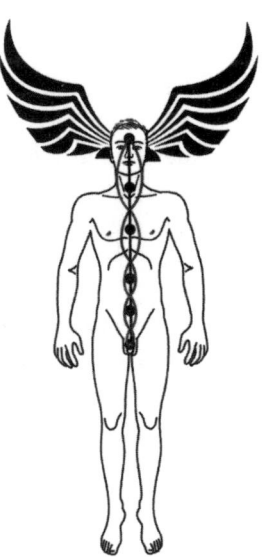

Das Wort »Susumna« oder
»Sushumna« bedeutet »durch-
dringender Strom«. Dieser Kanal repräsentiert »Sattva«, den
Rhythmus zwischen der Dua-
lität. Der Susumna-Kanal verbindet als Zentralkanal das
Wurzelchakra mit dem Kro-
nenchakra – bzw. Himmel und
Erde miteinander. Über das Susumna Nadi wird die Kunda-
lini mittels der Atmung durch
beide Nasenlöcher erweckt.

Ida Nadi

»Ida« bedeutet im Sanskrit »Gemütlichkeit«. Dieser Kanal beginnt links vom Susumna-Kanal (beim
Mann am linken Hoden, bei der Frau am linken
Eierstock) und endet am linken Nasenloch. Das Ida
Nadi steht für die weibliche Energie, die das Intro-
vertierte sowie die linke Seite des Körpers repräsentiert und mit der rechten Hirnhälfte verknüpft ist;
sie hat einen kühlenden Effekt auf den Körper. Da

es der Mondenergie zugeordnet ist, hat dieses Nadi die Kontrolle über alle mentalen Vorgänge.

Pingala Nadi

Auch das Wort »Pingala« entspringt dem Sanskrit und hat die Bedeutung »bräunlich«. Dieser Energiekanal beginnt rechts vom Susumna-Kanal am rechten Hoden des Mannes bzw. am rechten Eierstock der Frau und endet am rechten Nasenloch.

Das Pingala Nadi verkörpert die männliche Energie und lässt im Gegensatz zum Ida die Temperatur des Körpers ansteigen. Repräsentiert wird Pingala durch die rechte Seite des Körpers und die linke Seite des Hirns. Ihm wird »Surya«, die Sonne, zugeordnet, und es ist verbunden mit der Energie der Sonne. Bei Sonnenstürmen ist dieses Nadi besonders aktiv. Pingala kontrolliert alle Vitalfunktionen des Körpers und repräsentiert nach außen das Extrovertierte.

Auraschichten und Heilung

Jeder Mensch verfügt über mindestens sieben Auraschichten. Die äußerste, siebente Schicht ist manchmal schon aus ein bis zwei Kilometern Entfernung spürbar. Themen und emotionale Blockaden wandern über die Auraschichten von außen nach innen.

Ab der zweiten Auraschicht beginnen sich Krankheiten anzukündigen, in der ersten Schicht manifestieren sie sich im Körper.

Das G4-Bewusstein arbeitet in allen sieben Schichten, weil es als geistiger Hintergrundraum auf alle Ebenen Einfluss nehmen kann.

Implantate

Unter Implantaten verstehen wir energetische Muster, die von außen gesetzt werden und einen kontinuierlichen Einfluss auf den Menschen ausüben. Von Eltern, Lehrern oder anderen Erwachsenen werden bei Kindern häufig Implantate gesetzt; dadurch geben sie ihre Muster und Erfahrungen dahingehend, »wie das Leben läuft«, weiter. Das geschieht oft ohne böse Absicht, es ist vielmehr ein unbewusster Prozess. Das Problem dabei: Es gibt zahlreiche Implantate, die den freien Energiefluss blockieren und das Annehmen aus dem G4-Bewusstein heraus erschweren. Menschen, die beispielsweise glauben, sie seien erst dann wert, geliebt zu werden, wenn sie sich entsprechend verhalten, begrenzen sich und können unter Umständen die menschliche Liebe nicht oder nur in beschränktem Maße annehmen.

Blockaden

Durch eine Blockade verdichtet sich der Energiefluss, und die Energie strömt nicht mehr frei und ungehindert; dies zeigt sich in allen möglichen Symptomen und Beschwerden, von Missstimmungen bis hin zu Trennungen, auf körperlicher Ebene auch in Form von Krankheiten. Eine Blockade kann durch Implantate oder traumatische Erlebnisse, aber auch durch Gedankenmuster und Glaubenssätze entstehen, die man sich im Laufe der Jahre angewöhnt hat.

Bei MindFlow geht es darum, dem Klienten seine Selbstverantwortung zurückzugeben. Mit MindFlow wird der Körper durch die Energieerhöhung in einen Zustand versetzt, in dem er Blockaden von selbst auflösen kann (siehe Unterkapitel »Blockaden lösen«, S. 117ff.) und in dem der freie und natürliche Energiefluss wiederhergestellt werden kann. Dadurch kann diese Technik bei gesundheitlichen Problemen helfen, aber auch im partnerschaftlichen, finanziellen oder emotionalen Bereich.

Das Energiesystem

Vereinfacht lässt sich das menschliche System in folgende Instanzen unterteilen:

- Verstand
- Unterbewusstsein, einschließlich Nervensystem
- Höheres Selbst / Gott-Ebene / das Erschaffende

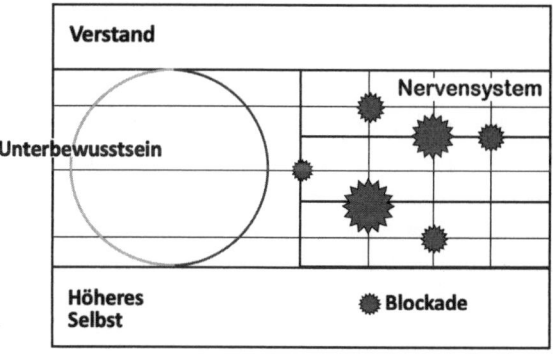

Über dem Nervensystem befindet sich die Verstandesebene, unterhalb des Nervensystems ist das Höhere Selbst; neben dem Nervensystem ist das Unterbewusstsein. Der Kreis in dem Diagramm steht für das Leben. Es muss etwas entstehen (linke/hellere Kreishälfte) und wieder vergehen (rechte/dunklere Kreishälfte). Menschen mögen das Entstehen lieber als das Vergehen. Allerdings: Ein Landwirt, der im Herbst die Äpfel vom Baum geerntet hat, weint nicht; er weiß, dass es im nächsten Jahr wieder Äpfel geben wird. So ist es auch mit der Lebensenergie – alles entsteht und vergeht. Der Kreislauf des Lebens ist vollkommen; er funktioniert – egal, ob wir daran glauben oder nicht.

Das Höhere Selbst erschafft Aufgaben für uns, die in Form von Blockaden im Nervensystem gespeichert werden: Die einen wurden von uns erzeugt, die anderen bringen wir von Geburt an mit, wieder andere hat uns die Umgebung zugefügt.

Blockaden sind mit einem Straßenschild vergleichbar. Beispiel: Wir bekommen Rückenschmerzen, weil wir uns z.B. überarbeitet haben.

Schauen wir uns das Schild »Rückenschmerzen« an, können wir es bearbeiten; nehmen wir dagegen ein Schmerzmittel, können die Rückenschmerzen nicht bearbeitet werden. Das Höhere Selbst schaut: »Ist die Blockade weg? Nein? Okay, dann lege ich noch etwas drauf.« Das geht so lange, bis wir die Blockade lösen. Das Problem an der Sache ist: Im Verstandesbereich, der »darüber« liegt, können wir diese Blockade nicht meistern. Das, was in der Verstandesebene stattfindet, hat keinen direkten Zugriff auf das Nervensystem bzw. kann im Nervensystem keine Blockade lösen (siehe auch Unterkapitel »Blockaden lösen«, S. 117ff.).

Wir Menschen konservieren Erfahrungen. Der Körper hat ein unbestechliches Gedächtnis, das Körper-Gedächtnis. Alles, was ich mit dem Körper erlebt habe, vergesse ich nicht mehr. Der Körper kann die Erinnerung jederzeit abrufen. Der Solarplexus »merkt« sich z.B. alles – vergleichbar einem Elefanten –, mit Ausstrahlungen Richtung Halschakra und Richtung Sakralchakra. Wurde der Solarplexus oft beleidigt, neigt man zugleich zu Hals- bzw. Schilddrüsenproblemen; vor allem bei Frauen kommt das des Öfteren vor, wenn sie z.B. ihre Meinung nicht sagen dürfen.

Alle Emotionen, alles was wir erleben, wird in Energiespeichern abgelegt, die wir über Jahre aufbauen. Haben wir z.B. Mitleid mit jemandem, beginnt ein Strudel, wir bekommen ein Momentum dafür. Das ist jedoch nicht nötig, vielmehr verstärkt es die Emotionen nur, statt sie zu lösen. Wir wollen die Energie verwenden, aber sie nicht in einem Speicher konservieren. Reagieren wir auf bestimmte Menschen in einer bestimmten Art und Weise, ist es mit einem Energiespeicher vergleichbar, in dem das Licht angeschaltet wird: Die Blockade wird sichtbar.

Sage ich z.B.: »Ich mag grundsätzlich keine Männer mit Bart«, beruht das auf einer Blockade. Unbewusst suche ich mir dann Männer mit Bart, um die Blockade wieder lösen zu können. Das Gleiche gilt, wenn jemand fünf Ehen lang immer ähnlich aussehende Frauen bzw. Männer wählt: Das Thema ist nicht gelöst. Sobald der/die Betreffende das Thema löst, ist er/sie frei. Man müsste nicht einmal eine Beziehung beenden; man könnte sie weiterführen, aber ohne Verstrickung.

Je mehr Themen bzw. Emotionen sich dank der Energieannahme-Technik (siehe Kapitel »Die Energieannahme-Technik«, S. 148ff.) lösen, desto mehr Energie, die in dem Speicher, dem »Wassertank«, enthalten ist, kann genutzt werden. Die Emotionen an sich und die Art, wie sie sich auflösen, sollten nicht bewertet werden: Der eine beginnt zu röcheln, der andere zuckt, wieder ein anderer schreit oder weint – aber man lässt die Emotion los, ohne Bewertung oder ohne sich hineinzusteigern. Die Emotion löst sich einfach; es gibt dann auch keinen Grund, die Emotionen noch aufrechtzuerhalten (siehe auch Unterkapitel »Trauma«, S. 163).

Mit MindFlow »ankern« wir nichts – stattdessen gehen wir ins G4 …, und in diesem Moment ist nichts Statisches mehr da. Keine dieser Emotionen ist existent; alles ist lediglich eine hormonelle Reaktion des Körpers. Sobald die Emotionen weg sind, trocknet der »Wassertank« aus und wird nicht mehr aufgefüllt.

Nachdem sich eine Blockade löst, kann die Energie aus dem G4 einfließen. Viele meiner Klienten und Seminarteilnehmer berichten dann von einem kurzen Konflikt; es wird ein Energiereservoir angezapft, dessen Energie auf einmal zum Fließen kommt. Alte Streitigkeiten lösen sich wie in Luft auf, und Beziehungen und Situationen erhalten eine komplett neue Ausrichtung.

In den Erfahrungsberichten zwischen einigen Kapiteln lesen Sie, was sich im Leben verändern kann, sobald sich eine Blockade löst.

Im Lauf des Buches werden wir uns damit beschäftigen, wie Sie Ihre eigene Energie, aber auch die Energie Ihrer Mitmenschen wieder in Fluss bringen können. Dadurch können sich Blockaden lösen. Doch um wirklich tiefsitzende Blockaden und vor allem Implantate aufzulösen, empfehle ich Ihnen, einen der von mir ausgebildeten MindFlow Experts zu konsultieren; unter *www.mindflow.academy* finden Sie ein Verzeichnis von Experts, sortiert nach Postleitzahlen.

Soultana aus München

Es geht um den Fall einer 56-jährigen Patientin, die vor einem halben Jahr aus ihrem langjährigen Angestelltenverhältnis entlassen wurde. Sie war sehr irritiert und verzweifelt, weil sie nicht wusste, wie sie in diesem Alter noch eine Stelle finden würde. Sie kam wegen anderer Themen zu mir in die Praxis, und nebenbei erwähnte sie eben dieses Ereignis. Ich habe sie behandelt, und dann kam sie freudestrahlend und erzählte mir, dass sie übers Arbeitsamt eine Stelle gefunden habe und sehr zufrieden sei; sie bekomme mehr Geld, die Bedingungen seien wesentlich besser als im alten Job, und der neue Chef habe sich sehr darum bemüht, sie für diese Aufgabe zu gewinnen. Sie konnte es kaum fassen, denn sie war schließlich »nur« eine ungelernte Fachkraft, außerdem nicht mehr ganz jung.

Indem die Leute an sich arbeiten und ihre Blockaden lösen, entfaltet sich das Leben für sie, und es entstehen konstruktive Lösungen. Dafür bin ich sehr dankbar.

Sehr befriedigend ist auch die Arbeit mit Kindern und Jugendlichen in meiner Praxis, die von den Eltern gebracht werden, weil sie in der Schule enormem Druck ausgesetzt sind und sehr ausgeprägte Stresssymptome haben. Da stellt sich die Veränderung bereits nach einer Sitzung ein, in der ich die Kinder behandle. Bereits beim nächsten Mal kommen die Kinder mit einem deutlich entspannteren Gesichtsausdruck und erzählen, dass das Lernen zum einen mehr Spaß macht, zum anderen müssten sie gar nicht mehr so viel lernen, im Sinne von »büffeln«. Die Beziehung zu den Eltern und zu den Mitschülern verbessert sich. Sie berichten, dass sie wesentlich lieber zur Schule gehen und sich sogar darauf freuen. Und das freut mich natürlich noch mehr, denn ich habe nichts anderes getan, als mithilfe des MindFlow-Konzepts mit ihnen zu arbeiten. Die Veränderungen sind nachhaltig.

Die **MITOCHONDRIEN** –
die Kraftwerke der Zelle

itochondrien sind winzige, fadenartige Zellorganellen, die Kohlenhydrate durch ihren Stoffwechsel in Energie umwandeln. Sie bilden in der Zelle eine eigene Einheit; man vermutet, dass sie irgendwann im Laufe der Evolution den Weg in die Zelle geschafft haben. Die Mitochondrien leben in Symbiose mit den Zellen und liefern ihnen Energie, daher werden sie auch als »Kraftwerke der Zelle« bezeichnet.

Wir kennen in der Natur ähnliche Fälle; damit kann man es bildhaft vergleichen: Es gibt beispielsweise Quallen, die sich Algen halten. Die Algen betreiben Photosynthese, und die Qualle kann sich die entstehende Energie nutzbar machen.

Die Mitochondrien produzieren für die Zellen den Brennstoff: das Adenosintriphosphat (ATP). Um ATP zu erzeugen, verheizen die Mitochondrien also Sauerstoff. Wir atmen Sauerstoff ein, der mit dem Blut zu den Zellen des Körpers gelangt, und dort setzen die Mitochondrien ihn ein, um die Energie aus unserer Nahrung in ATP umzuwandeln.

Jede Zelle ist bedroht, wenn die Mitochondrien geschädigt sind; die Zelle kann dann ihre Aufgabe nicht mehr oder nicht mehr vollständig erfüllen –

was einen Effekt auf den Zellverband, auf das Organ bis hin zum ganzen Körper hat: Krankheiten entstehen.

Die Mitochondrien steuern aber auch den Prozess der Apoptose (Zelltod) sowie die Häufigkeit und Schnelligkeit der Zellteilung. Die Aktivität der Mitochondrien beeinflusst außerdem die Zirbeldrüse, die sehr viele Prozesse im Körper reguliert. Mit kräftigen, fitten Mitochondrien ist der Mensch gesund und geht mit Power durchs Leben. Mit schwachen Mitochondrien funktioniert unser System nicht mehr richtig.

Wenn Sie in das G4 gehen, fahren die Mitochondrien innerhalb von Sekunden ihre Aktivität hoch, was durch eine höhere Wärmeabstrahlung des Körpers messbar ist. Anhand einer Wärmebildkamera oder der Darstellung der Hirnfrequenz können wir z.B. nachweisen, wie die Mitochondrien reagieren, etwa auf die Interaktion mit anderen Menschen oder in einem bestimmten Umfeld: Der Chef, der einen Mitarbeiter verbal angreift, hat u.U. weniger Energieabstrahlung als dieser Angestellte. Falls der Angestellte auf die Kritik reagiert, »fahren« seine Mitochondrien ihre Aktivität herunter, während die des Chefs »hochfahren«.

Solange die Mitochondrien in einem guten Zustand sind, schicken sie die Zellen in den programmierten Zelltod: Wenn sich eine Zelle dem Ende nähert, zünden – um es einfach zu erklären – die Mitochondrien die »Handgranate« in der Zelle, damit sich die alte Zelle zerstören kann und dem System zugeführt wird; der Körper isst seine Zellen (die im Wesentlichen aus Eiweiß bestehen) und verbraucht sie.

Falls die Mitochondrien nicht richtig arbeiten, ziehen sie zwar – um im Bild zu bleiben – den Ring aus der Handgranate, können ihn jedoch nicht loslassen; die Handgranate ist entsichert, aber die Zellen können nicht sterben. Nun verändern sich die Zellen, sie entarten, eine Krankheit bahnt sich an, schlimmstenfalls kann Krebs entstehen. Das Energielevel ist niedrig.

Was machen die meisten Menschen, wenn sie krank sind? Durch das Verhalten des Arztes gewinnt die Krankheit an Bedeutung, denn sie wird beachtet. Man könnte die Krankheit stattdessen akzeptieren und einfach nur anschauen. Die Krankheit darf sein. Dadurch entzieht man der Krankheit Energie, die dem betreffenden Menschen aktuell fehlt. Steht dem Körper wieder mehr Energie zur Verfügung, kann er sich erholen.

Jede Krankheit entsteht also aus einem Energiemangel bzw. infolge schwacher Mitochondrien. Kein Mensch mit starken Mitochondrien wird krank.

Viele meiner Seminarteilnehmer fühlen sich nach einem Seminartag wie erschlagen. Man muss hierzu wissen – und ich verdeutliche es erneut anhand einer Metapher: Das Glas mit der Flüssigkeit ist zunächst klar, unten hat sich ein Satz abgelagert. Wenn die Flüssigkeit jedoch in Bewegung gerät und Energie ins System hineingebracht wird, wird alles aufgewirbelt. Übertragen wir das Bild: Die Mitochondrien fahren hoch, und in diesem Moment lassen sie quasi die »Handgranate« los, das bedeutet, viele Zellen, die längst hätten sterben sollen, tun dies und werden entsorgt. Deshalb dauert es nach einem Seminar oder nach einer MindFlow-Sitzung drei bis fünf Tage, bis die Teilnehmer wieder auf einem normalen Level sind: Die Energie ist hochgefahren, viel »Müll« wurde aus dem Körper ausgespült; in der Medizin nennen wir das »Erstverschlimmerung«.

Mit mehr Energie im Körper verbessert sich aufgrund aktiverer Mitochondrien auch die Wahrnehmung und wird differenzierter. Mehr Energie – bessere Wahrnehmung! Der Mensch ist nicht nur weniger angreifbar, sondern er bekommt noch mehr mit. Mit mehr Energie kann man auch mehr Angriffe aufnehmen.

Und das alles, »nur« weil wir in das G4 gegangen sind und dort »nicht(s) getan« haben (siehe Kapitel »Das Konzept des NICHT-TUNs«, S. 108ff.).

Die **ENERGIENIVEAUS**

Jeder Mensch sendet seine eigene stehende Welle aus; die Welle wird individuell von seiner DNA produziert. Diese Wellen können auch durchbrochen sein, wenn jemand bestimmte Themen und Blockaden hat. Die stehende Welle kann man auslesen – man kann sogar Menschen an ihrer stehenden Welle erkennen, auch mit verbundenen Augen. Jeder Mensch liest permanent unbewusst die Wellen der anderen aus, und leider bewerten wir sie dann auch noch mit dem Verstand.

Manche Menschen können die stehenden Wellen regelrecht wie Morsesignale lesen und Informationen erhalten.

Wenn jemand in meine Praxis kommt, will ich zunächst keine verbalen Informationen von ihm haben. Warum? Dieser Klient will eine Lösung für ein Problem. Würde ich zuerst mit ihm reden, könnte ich in einem sogenannten »Cold Reading« alles auslesen – das könnte jeder. Die Kunst besteht jedoch darin, ihm seine Themen zu sagen, ohne dass er darüber gesprochen hat. Dann begreift der andere, dass er diese Themen offenbar nach außen hin zeigt – Themen, die in einer stehenden Welle vorhanden sind.

Jeder Mensch hat sein eigenes Energiefeld, das man auch messen kann. Zwischen den Personen, die sich gemeinsam in einem Raum aufhalten, findet andauernd eine Energieübertragung statt. Die Energie geht immer von dem, der mehr Energie hat, zu dem, der weniger Energie hat.

Wir kennen allerdings einen Zustand – nämlich das G4 –, in dem Sie keine Energie abgeben, sondern nur Energie aufnehmen und dadurch dem anderen helfen, Blockaden zu lösen. Im G4 bekommen Sie Energie und sind nicht mehr angreifbar.

Um Ihnen den Einstieg in die folgenden Unterkapitel zu erleichtern, nenne ich vorab ein paar Beispiele mit Zahlen:

Der »normale Mensch« hat zwischen 50 und 60 Prozent Lebensenergie.

Wer weniger als 50 Prozent hat, gerät in den Bereich von Krankheit; je weniger Lebensenergie, desto kränker ist ein Mensch.

Mit 50 Prozent Lebensenergie hat man auf der anderen Seite aber auch 50 Prozent Blockaden. 80 Prozent Lebensenergie bedeutet: 20 Prozent Blockaden.

D1–D3

Die meisten Menschen haben energetisch betrachtet Blockaden auf der Stufe D1–D3; daher können sie ein persönliches Energieniveau von maximal 40% Lebensenergie erlangen. Sie haben fast die vollständige Verbindung zu ihrer Göttlichkeit verloren und kämpfen ums Überleben, nicht nur im alltäglichen Leben, sondern auch im energetischen Sinne. Mit einem Energieniveau von 40% ist keinerlei persönliche Weiterentwicklung gegeben. Deshalb greift etwas außerhalb von R4 (Raumzeit nach Einstein) ein, um eine Entwicklung zu forcieren.

Der Alltag dieser Menschen ist geprägt von Krankheiten, Armut, Sorgen, Kummer und Ärger. Sie nutzen diesen Ärger, um von Menschen, die ein höheres Energieniveau haben, Energie abzuziehen.

Basierend auf dem Energieerhaltungssatz, der innerhalb der Dimensionen D1–D3 seine Gültigkeit behält, hat die linke Person in der folgenden Grafik, die ursprünglich auf einem Energieniveau von 40% war, durch die Interaktion mit der Person rechts, die bei 20% lag, 10% ihrer Energie verloren, und die Person rechts hat 10% an Energie erhalten. Die Gesamtenergie des geschlossenen Systems von 60% bleibt also gleich.

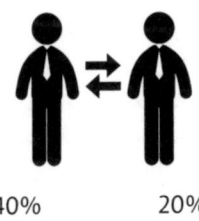

	40%	20%
Δ	-10%	+10%
Σ	30%	30%

Man kann dies am Beispiel einer Badewanne veranschaulichen: Stellen Sie sich vor, Sie füllen die Wanne bis zur Hälfte mit kaltem Wasser; dann schütten Sie von einer Seite warmes Wasser hinzu. Anfangs wird es zwei Temperaturzonen (also zwei unterschiedliche Energieniveaus) in der Badewanne geben, die sich mit der Zeit vermischen, sodass sich schließlich eine einheitliche Mischtemperatur ergibt.

D4

Menschen mit einer D4-Blockade befinden sich normalerweise auf einem Energieniveau von 40–50%. Sie hetzen Terminen hinterher und sind ständig unter Zeitdruck. Sobald die Zeit knapp ist, werden sie hektisch. Solche Menschen haben dauernd Angst, einen Termin zu verpassen, zu spät zu kommen, zu alt für etwas zu sein oder etwas nie mehr im Leben zu erreichen. Oft geht das mit Geldproblemen oder Krankheiten einher, die sich durch die Komponente »Zeit« beschreiben lassen.

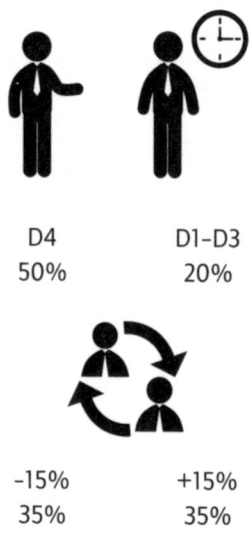

D4	D1–D3
50%	20%

Δ	-15%	+15%
Σ	35%	35%

Wie in der Grafik ersichtlich, hat die Person rechts, die im D1–D3 ist, 15% Energie von der Person links in D4 erhalten, wodurch diese 15% an Energie verloren hat.

Insgesamt macht die Gesamtzahl der Menschen mit D1–D3- sowie D4-Blockaden fast 85 Prozent der gesamten Menschheit aus.

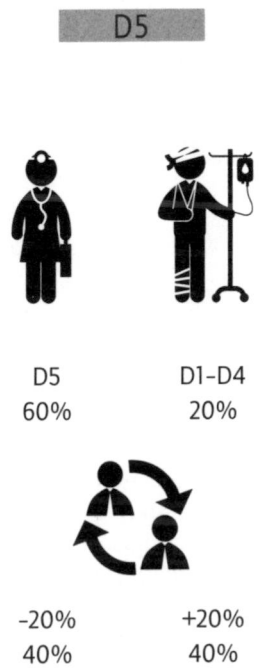

D5

D5	D1-D4
60%	20%

| Δ | -20% | +20% |
| Σ | 40% | 40% |

Die D5-Person links in der Grafik hat durch die Interaktion mit der Person auf der rechten Seite (welche sich in diesem Beispiel in D1 befindet und somit nur 20% Energie besitzt) 20% ihrer Energie »verloren« bzw. an die Person rechts abgegeben. Die Person rechts hat ihre Energie verdoppelt, was sich in einem besseren Wohlbefinden zeigt.

Menschen, die sich bis in D5 begeben können, haben sehr oft sogenannte »Anleitungen« oder Lehren erhalten, wie sie sich spirituell weiterentwickeln können. D5 befindet sich, wie bereits in den vorherigen Kapiteln erklärt, außerhalb der Raumzeit Einsteins (R4). Menschen in D5 besitzen bis zu 60% an Lebensenergie bzw. können dieses Niveau generieren.

D6

Menschen, die es bis auf D6 schaffen, haben eine langjährige spirituelle Ausbildung und Praxis hinter sich. Sie können andere mithilfe mentaler Programme beeinflussen und ihnen dadurch helfen, aber auch Schaden zufügen. Viele schwarz- oder weißmagische Techniken stoßen ins D6 vor. Solche Menschen scheinen in der Lage zu sein, alles und jeden so zu manipulieren, dass sich alles nach Wunsch und Gusto verändern lässt. Ihr Energieniveau liegt bei bis zu 70%. Auf sie trifft der Vers zu: »*Ich will! Das Wort ist mächtig, spricht's einer leis und still. Die Sterne reißt's vom Himmel, das eine Wort: Ich will ...*« Mentales Training und mentale Programmierung fallen in diesen Bereich. Weniger als 5 Prozent der Menschheit befinden sich in D6.

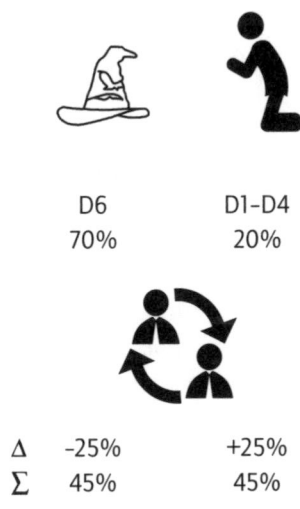

	D6	D1–D4
	70%	20%
Δ	–25%	+25%
Σ	45%	45%

In unserem Beispiel hat der »Magier« (für den hier der Zauberhut steht), der es bis auf D6 schafft, gute Arbeit geleistet (denken er und der »Klient«), denn der Klient hat seine Lebensenergie mehr als verdoppelt, während der Magier weniger als die Hälfte abgegeben hat. Er kann also »weiterarbeiten«.

Allerdings – und das ist die Tragik und das Risiko vieler Heiler – wird sich sein Energieniveau mit der Zeit erschöpfen, da er keine Möglichkeit hat, frische Energie »aufzutanken«, solange er weiterhin auf der D6-Ebene arbeitet, also keinen Zugang zu G4 gewinnt.

D7 und D8

Auf D7 und D8 finden wir Avatare oder spirituell Erwachte. Die Anzahl der Menschen, die sich in D7 und D8 befinden, ist sehr gering. Diese Stufen erweisen sich für die betreffenden Menschen als sehr risikoreich, weil alle darunterliegenden Dimensionen Energie abziehen können. Daher grenzen sich viele Avatare und Erwachte ab und werden zum Eremiten, um ihr hohes Energielevel halten zu können.

Das folgende Beispiel veranschaulicht die gefährliche Situation: Von 99% (D8) geht es abwärts durch den Kontakt mit einer Person aus D1–D4 (hier: 40%) auf knapp 70%, wodurch das Energieniveau stark absinkt und die Person ganz schnell in einer D5-Blockade landet.

Ein hoher Energieanstieg oder auch Energieabfall kann immer energetische und körperliche Prozesse auslösen. Man kann sich gut vorstellen, welche körperlichen Veränderungen ein derartig starkes Abfallen der Energie nach sich zieht.

Umgekehrt verläuft dagegen der Weg der Person aus D1–D4: Die Energie steigt von 40% plötzlich auf über 69,5%, wodurch die Person ins D5 »katapultiert« wird! Auch hier kann man die körperlichen Veränderungen erahnen.

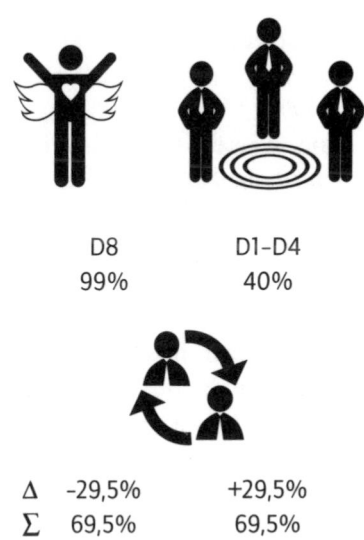

	D8	D1–D4
	99%	40%
Δ	−29,5%	+29,5%
Σ	69,5%	69,5%

Menschen, die es bis auf D9 schaffen, befinden sich in G4 und damit in einem Zustand, der durch NICHT-TUN bzw. NICHT-WOLLEN dafür sorgt, dass alle Blockaden gelöst und in Lebensenergie umgewandelt werden können. In Interaktion mit Nicht-G4-Personen werden deren Blockaden im Optimalfall vollständig gelöst; aus dem G4 erfolgt ein Auffüllen dieser Blockaden mit reiner Lebensenergie auf ein Niveau von 100%!

Das Besondere an dieser Konstellation ist: Auch die G4-Person erhöht dabei ihren Energiestand, anstatt wie auf den unteren Ebenen an Energie zu verlieren. Beide Personen profitieren also von einem solchen Austausch.

Die kranke Person rechts in der Grafik, deren Energie zu 80% blockiert ist, trifft auf eine G4/D9-Person mit einem Energieniveau von 100%. Durch eine energetische Interaktion, die *nicht* aktiv ausgelöst wird, ergibt sich eine vollständige Auflösung der 80%-Blockade und ein Auffüllen auf 100% an Lebensenergie aus dem G4.

Nach meiner Erfahrung fließt einer G4-Person ein Viertel der vormals blockierten Energie zu. In unserem Beispiel erreicht die G4-Person also 120% an Energie. (Im G4-Zustand kann das Energielevel weit über 100% ansteigen!) Eine absolute Win-win-Situation, bei der das geschlossene System beider durch die Anwesenheit der Person links im G4 aufgehoben wird.

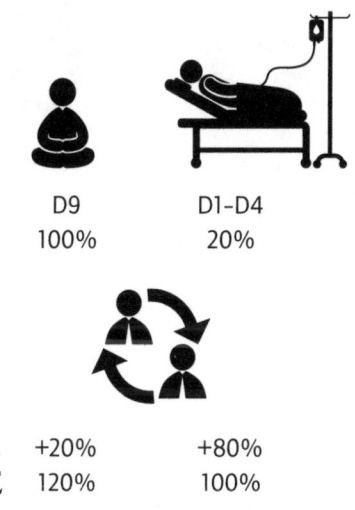

	D9	D1–D4
	100%	20%

Δ	+20%	+80%
Σ	120%	100%

Ist bei einer solchen Konstellation zusätzlich eine dritte Person involviert, sieht das (beispielhaft) so aus:

Person 1 auf D9		Person 2 auf D1–D8		Person 3 auf D1–D4
100%	1. Inter- aktion: Person 1 mit Person 2	40%		20%
Δ +15%		Δ +60%		Δ +0%
Σ 115%		Σ 100%		Σ 20%
Δ +5%		+20%	2. Inter- aktion: Person 2 mit Person 3	+80%
Σ 120%		Σ 120%		Σ 100%

Analog zur vorherigen Darstellung trifft in dieser Konstellation die mittlere Person zunächst auf die Person links im G4 und füllt ihre Lebensenergie auf 100% auf. Trifft nun die mittlere Person nach dem Kontakt mit der G4-Person auf eine Person aus D1–D8 (in der Grafik: D1–D4; je niedriger, desto effektiver), so setzt sich der Energiefluss fort, ohne dass die mittlere Person eine Ahnung von G4 haben muss! Dieser Zustand hält nur über eine begrenzte Zeit an und ist abhängig von der Stärke der Nadis, also der Energiebahnen im Körper der mittleren Person (siehe Unterkapitel »Die Nadis«, S. 42ff.). Und die G4-Person? Auch sie gewinnt an Energie dazu.

Eine Person, die sich in G4 befindet, kann unbegrenzt Energie aufnehmen. In G4 gilt weder der Energieerhaltungssatz noch eine Begrenzung für ein Energielevel. Dieses kann unbegrenzt aufgefüllt werden. Mit dem Erreichen von D9 ist man im G4 angelangt.

Die Dimensionen D10 bis D12 können nur von speziell in G4-Techniken ausgebildeten Menschen erreicht werden, deshalb gehe ich an dieser Stelle nicht näher darauf ein.

Andrea aus Straubing

Früher war ich von vielen Mustern geprägt und habe mich von anderen führen lassen. 2014, als ich Toms Kurse besucht habe, hat sich alles in meinem Leben verändert. Ich habe alles losgelassen, von dem ich bis dahin geglaubt habe, es sei richtig und gut, ob das nun Engel oder irgendwelche Meister waren. Das waren alles Projektionen von mir selbst. Und ich habe gelernt, wirklich jede Information, die ich von außen bekomme, nicht mehr für bare Münze zu nehmen. Ich habe gelernt, einfach aus dem Sein heraus zu leben. Das ist wie eine Befreiung.

Es kommt alles auf dich zu, es wird dir alles geschenkt. Du stehst in der Frühe auf, und der Tag ist für dich bereitet. Es ist das Gefühl der absoluten Freiheit. Ich lache, ich tanze, ich nehme mir Zeit für Dinge, bei denen ich früher gedacht habe, das dürfe ich nicht.

G4 bedeutet für mich, nichts zu tun. Es fließt. Es fließt frei. Ich brauche mich dazu auch gar nicht mehr anzustrengen. Es gibt keine Mühe mehr, es ist einfach, die Einfachheit, da zu sein. Ich kann die Menschen ganz anders genießen, auch die Familie, auch meinen Partner.

Das **G4**

Die Steuerungsebene

D ie Maslow'sche Bedürfnispyramide besagt, wenn die Grundbedürfnisse gestillt seien, könne man an die Erfüllung der nächsten Stufe der Bedürfnisse gehen. Doch wer im G4 ist, hat keine Bedürfnisse mehr!

Im Zustand des G4, das die Dimensionen D9 bis D12 umfasst, fließt Ihnen sämtliche Energie zu. Da die Dimensionen D10, D11 und D12 nur von Menschen erreichbar sind, die speziell dafür ausgebildet wurden, ist in unserem Zusammenhang vor allem D9 relevant; deshalb setzen wir hier D9 mit G4 gleich.

Wenn Sie sich auf dieser geistigen Ebene befinden, liegen die Ebenen der Raumzeit (D1–D4) sowie die organisatorischen und informatorischen Steuerungsebenen (D6–D8) sozusagen unter Ihnen, und die gesamte Energie dieser unteren Ebenen fließt Ihnen in diesem Moment zu, wodurch Ihr »Energiereservoir« aufgestockt wird. Auf der Ebene D9 bzw. G4 bekommen Sie 24 Stunden lang Energie, egal wo Sie sich befinden; Sie könnten durch eine große Ansammlung von Menschen gehen, ohne von jemandem angerempelt zu werden, denn Sie sind nicht mehr in »Resonanz« mit Themen, die Verletztwerden, Gefahr oder Unfälle implizieren.

Das bedeutet: Indem Sie entspannt bleiben, also nicht mit einer Blockade, mit Angst oder mit Stress resonieren, die von außen zum Beispiel in Form von Konflikten oder riskanten Situationen auf Sie zukommen, fließt Ihnen die damit verbundene Energie zu, allerdings nicht als Angriff oder als Bedrohung, die es abzuwehren gilt, sondern als reine Energie. Damit ist keine Spannung bzw. Resonanz mehr da, und Sie können die Stress- oder Angstenergie in gesunde Lebensenergie umwandeln.

Dressurreiterinnen unter den MindFlow-Leuten haben z.B. die Erfahrung gemacht: Wenn sie ins G4 gehen, spürt das Pferd ihre Entspannung und gibt nach, sodass sie ganz andere Ergebnisse erzielen. Wer im G4 handelt, ist außerhalb des Systems – dann richtet sich alles nach ihm aus.

Man kann es im Übrigen an der Hirnfrequenz der Menschen oder in der Abstrahlung, z.B. anhand einer Wärmebildkamera, ablesen, ob – bzw. wie tief – jemand im G4 bzw. entspannt ist oder nicht.

Gute und schlechte Energie?

Manche Leute sagen: »In diesem Raum ist eine schlechte Energie«, oder: »Der Mensch hat eine richtig schlechte Ausstrahlung!« Nun, lassen Sie es mich so sagen: Das ist gut so, denn dann ist viel Power vorhanden!

Im Energieerhaltungssatz der Thermodynamik wird nicht zwischen guter und schlechter Energie unterschieden. Burkhard Heim hat in seinen Berechnungen immer nur eines gefunden: Energie.

Die Energie des elektrischen Stroms beispielsweise ist immer gleich, egal ob sie aus einem Solarkraftwerk oder einem Atomkraftwerk stammt, egal ob sie mit guter oder schlechter Absicht erzeugt wurde. Für den Anwender ist Strom immer Energie, die zum Beispiel eine Lampe zum Leuchten bringt. Wenn Sie Ihre Lampe einschalten, wird sie genauso hell leuchten und den gleichen Stromverbrauch haben, unabhängig davon, ob Sie den Strom verfluchen oder ihn mit einem »Ave Maria« besingen.

Energie ist neutral, weder gut noch schlecht. Sie können Energie auch nicht verwenden, um jemandem zu schaden. Das klappt nur, solange Ihr Gegenüber eine Resonanz dafür hat, das heißt wenn er/sie (mehr oder weniger unbewusst) den Schaden haben »möchte«.

Spüren Sie z.B. eine eiskalte Stimmung in einem Raum? Darf das so sein? Ja! Sobald Sie etwas daran verändern möchten, werden Sie permanent Energie verlieren. Mit dem Wissen, dass sich niemand verändern muss, dass alles und jeder so sein darf, nehmen Sie jedoch eine solche Umgebung idealerweise als Lernfeld wahr, ohne sich als Opfer zu fühlen.

Es ist auch okay, wenn mich jemand ablehnt, ich von ihm also scheinbar (!) eine »negative« Energie empfange; ich muss nicht geliebt werden. (Sie wissen: Mitleid bekommt man geschenkt; Neid muss man sich hart erarbeiten ...) Der andere darf so sein, wie er ist. Jeder Mensch hat eine Existenzberechtigung und darf das sein, was er ist. Das ist absolute Freiheit.

Es liegt aber in meiner Selbstverantwortung, wie ich mit den Energien umgehe. Um es in einem Bild zu verdeutlichen: Wenn ich mit meinem Wagen in der Waschanlage war und danach durch den Dreck fahre, kann ich mich nicht beim Betreiber der Waschanlage beschweren und fragen, ob ich noch mal eine Wagenwäsche kostenlos bekomme.

Ein wichtiger Punkt: Der Energieaustausch zwischen zwei Menschen findet immer in einer Täter-und-Opfer-Situation statt. Was passiert also, wenn Sie von einem Gegner angegriffen werden? Seine angestaute Energie soll sich über Ihnen entladen, mit dem Ziel, eine Reaktion von Ihnen zu bekommen, die wiederum sein Energielevel auffüllt und erhöht, denn der Gegner benötigt Ihre Energie, um seine Blockaden aufrechtzuerhalten.

Sollten Sie (als der »Verteidiger«) sich aber im G4 befinden, drehen Sie sozusagen den Spieß um: Dem Angreifer wird Energie abgezogen, anstatt dass er Ihnen Energie wegnehmen kann. Da der Angreifer wenig Energie hat, wird die Energie vom »Verteidiger« dort abgezogen, wo sie am größten ist: bei der Blockade. Sie wird aufgelöst, und an ihre Stelle tritt später neue Lebensenergie. Wer sich in G4 befindet – in diesem Beispiel Sie als die angegriffene Person –, dem strömt Energie zu. Sobald das Opfer also die Bühne verlässt, verliert der Täter seine Rolle und seine Macht, er kann nicht mehr agieren; dann ist er ein »ganz normaler Mensch«. Auf diese Weise heilt man einen anderen.

Heilung bedeutet immer, man kann nur sich selbst heilen! Kein Arzt und kein Medikament kann heilen! Der Heiler kann höchstens einen Impuls setzen. Der Körper heilt sich letztlich selbst, indem das System hochfährt, indem die Energie ansteigt, indem die Mitochondrien gut funktionieren und die kaputten Zellen in die Apoptose (Zelltod) schicken, indem man genug trinkt, um den »Abfall« loszuwerden usw. In diesem Sinne ist jeder ein Heiler: Jeder Mensch ist sein eigener Heiler!

Eine praktische Übung:
die Nullpunktposition

Stehen Sie auf und stellen Sie sich so hin, wie Sie es normalerweise tun. Spüren Sie Verspannungen?

Menschen gehen immer auf jene Menschen los, die angespannt sind. Um solche »Angriffe« zu vermeiden, sollten Sie sich also entspannen. Dazu stellen

Sie sich ein bisschen breitbeiniger hin. Fassen Sie mit der Hand an den rechten Gesäßmuskel. Sollte er nach wie vor leicht verspannt sein, gehen Sie mit Ihren Beinen noch weiter auseinander, bis der **Gesäßmuskel locker** ist. Der Gesäßmuskel muss entspannt sein – auch im Kampfsport –, sonst ist man geschwächt und kann von jedem überwunden werden.

Bei angespanntem Gesäß ist auch der Ischiasnerv eingeklemmt, der unter anderem eine Energiebahn ist.

Achten Sie außerdem darauf, wie sich Ihr Solarplexus verändert; Sie werden feststellen, dass er in der Nullpunktposition weicher wird.

Sie können sich gerne noch einmal »normal« hinstellen, um den Unterschied zu bemerken, bzw. das Ganze vor einem Spiegel wiederholen. Achten Sie vor allem darauf, wie Ihre Gesichtszüge reagieren und welche Haltung Ihr Spiegelbild ausstrahlt.

In der Nullpunktposition kann die gesamte Energie durch das Wurzelchakra fließen; das macht Sie locker und entspannt. Wenn Sie in der Nullpunktposition stehen, fordern Sie keine Reaktion mehr heraus; demzufolge wird Sie niemand angreifen oder auf Sie reagieren. Und das Tolle dabei ist: Je mehr Energie Ihr Gegenüber eigentlich in seinen »Angriff« stecken wollte, desto mehr Energie fließt auf Sie zu und desto mehr Potenzial steht Ihnen zur Verfügung! Mit diesem Wissen möchten Sie am liebsten noch lauter angeschrien, noch mehr konfrontiert und angegriffen werden, denn die Energie ist nicht mehr gegen Sie gerichtet, sondern fließt einfach in Ihr System. Das fühlt sich wie ein warmer Wind an.

Halten Sie die rechte Handfläche offen nach vorne und legen Sie die linke Handfläche auf Ihren Oberschenkel. Die rechte Handfläche nimmt Energie auf, die linke Handfläche lässt die Energie in Ihrem System zirkulieren.
Wenn Sie Wärme spüren, haben Sie die Energie erhalten; Sie können sie aufnehmen und in Ihr eigenes System lenken.

Buddha wird oft mit dieser Handhaltung dargestellt: Die rechte Handfläche ist nach vorne ausgerichtet, die linke Handfläche liegt auf dem Oberschenkel auf.

Wollen Sie diese Technik einmal im Sitzen anwenden, ohne dass Ihr Gegenüber etwas bemerken soll, richten Sie die Handfläche zumindest nach oben, die Fingerspitzen sollten nach vorne zeigen. Oder Sie legen Ihre Hand offen hin, als bekämen Sie etwas hineingelegt. Wenn Sie sich darauf einlassen, nehmen Sie seinen Teil der Energie auf.

Das »Mensch ärgere dich nicht«-Spielfeld

In den unteren Dimensionen R4 (Raumzeit, bestehend aus D1–D4) befinden Sie sich auf dem »Mensch ärgere dich nicht«-Feld. Sie sind in G3 und durch Länge, Breite, Höhe, Zeit usw. beschreibbar, und deshalb funktionieren in diesen Dimensionen auch die Numerologie und die Astrologie. Doch in dem Moment, in dem Sie ins G4 wechseln, verlassen Sie diese Beschränkungen.

Stellen wir uns einmal eine Spielfigur auf diesem G3-»Spielfeld« vor. Wechselt die Figur ins G4 und verlässt damit das Spielfeld, entsteht genau an dieser Stelle im System der maximale Stress, weil dort etwas nicht mehr ist, was vorher durch Zahlen beschreibbar war, also im G3 »existiert« hat.

Was passiert nun, wenn die Figur von D9 bzw. G4 aus abwärts durch die Dimensionen nach unten

»fällt«? Sie taucht wieder auf. Und wo war der gesamte Fokus des Systems in der ganzen Zeit? Immer auf dieser Figur. Sie ist jetzt wieder da und hat sich durch ihren »Aufenthalt« in G4 mit sehr viel Energie aufgeladen. Für wie viele Menschen aus dem System, die sehr viel weniger Energie haben, ist eine solche energetisch aufgeladene Person interessant? Für alle natürlich!

Noch ein Beispiel zur Veranschaulichung: Ein dünnes Blatt Papier erscheint uns zweidimensional, es besitzt Länge und Breite. Dieses Blatt Papier existiert also in D1 und D2, aber nicht in D3 (Höhe) und kann nicht aus der Zweidimensionalität heraustreten. Indem ich von außen einen Stift nehme, der ja dreidimensional ist (D1, D2 und D3), und auf dieses Papier schreibe, erscheint auf dem (zweidimensionalen) Papier etwas Neues, was durch den (dreidimensionalen) Stift erzeugt wurde, obwohl der »Stift« vom zweidimensionalen Papier aus D1 und D2 heraus nicht erkannt werden kann.

Das ist genau die Art von Zauberei, die wir aus dem G4 heraus betreiben: Auf dem Papier entsteht Aufmerksamkeit, weil plötzlich etwas erscheint. In diesem Moment verändert sich das System; es passiert etwas.

Gehen wir noch einen Schritt weiter. Auf dem Blatt Papier existieren viele Quadrate. Eines dieser Quadrate sind Sie. Ein anderes Quadrat will von Ihnen Energie haben.

Genauso läuft es auch in G3: Zwischen den einzelnen »Quadraten« werden sozusagen Linien gezogen; sie stehen für den Energiefluss, der uns miteinander verbindet. Wenn Sie nun ins G4 gehen, also außerhalb des Systems sind, radieren Sie diese Verbindungslinie weg und verändern dadurch das System. Ein System kann nur von außen verändert werden. Das ist schwierig zu beschreiben; dieser Herausforderung hat der Physiker Burkhard Heim sein Lebenswerk gewidmet.

Das Quadrat, das mit dem anderen Quadrat verbunden war, ist maximalem Stress ausgesetzt, weil etwas weg ist, was vorher da war. Und dieses Quadrat wird jetzt alles in seiner Macht Stehende tun, um diese Linie schnellstmöglich wieder aufzubauen.

Ihr Ziel als »Außenstehender«, der sich in G4 befindet, ist es in dieser Situation, keine Energie mehr von anderen abziehen zu lassen. Das ist Ihre Aufgabe. Es geht nur um Sie; die wichtigste Person in Ihrem Leben sind Sie selbst! In dieser Haltung sind Sie frei. Sobald Sie ins G4 gehen, müssen sich alle anderen an Sie anpassen. Das ist die Systemveränderung. Sie verlassen dadurch das »Mensch ärgere dich nicht«-Spielfeld und werden für Ihre bisherigen »Mitspieler« nicht mehr angreifbar.

Hierzu ein kleine Partnerübung:
Stellen Sie sich einem anderen Menschen gegenüber. Die erhobenen rechten Zeigefinger berühren sich. In dem Moment, in dem Ihr Partner mit seinem

Zeigefinger gegen Ihren drückt und etwas von Ihnen will, drücken Sie normalerweise unweigerlich dagegen; ein Kräftemessen setzt ein. Sagen Sie jedoch: »Es ist mir egal, was er macht«, und bleiben Sie gelassen, kann sich der andere mit seinem Zeigefinger an Ihnen abarbeiten ohne Ende – Sie halten dann dem Druck locker stand; Sie haben ihn die ganze Zeit im Griff und bekommen Energie von ihm. Und: Sie nehmen ihm dabei seine Blockaden.

Wenn ich (der »Angegriffene«) in die Haltung gehe, der andere dürfe Druck ausüben – »Der darf das machen!« –, biete ich keinen Widerstand, und der Angreifer hat sehr schnell keine Kraft mehr; der Angreifer wird von meinem gelassenen Zustand übernommen. In diesem Moment findet ein Ausgleich statt, und Heilung setzt ein. Energie fließt, die Blockade löst sich auf, ich (als der »Angegriffene«) habe die Energie, und der Angreifer hat seine Energie wieder aufgefüllt (siehe Unterkapitel »D9«, S. 68ff.).

Das ist der Effekt bei der MindFlow-Technik: Es gibt dabei keinen Verlierer, es gibt nur zwei Gewinner: Der eine nimmt dem anderen die Blockaden und gewinnt dabei Energie – vielmehr: beide haben einen Energiezuwachs!

In einem meiner Seminare standen sich auf diese Weise einmal ein Bodybuilder mit mächtigen Oberarmen und eine knapp 45 Kilo leichte Frau gegenüber. Normalerweise hätte der Mann die Frau flugs hochheben können, aber da sie im G4 war, konnte er sie nicht bewegen. Er lag nachher lachend auf dem Boden. Sie hatte von ihm die Energie bekommen, weil sie nicht im Widerstand war. Je mehr er sich angestrengt hatte, desto mehr Energie hatte sie gewonnen.

Ethik

Die Welt soll friedlich sein, aber nicht unterwürfig. Wir sollen dem anderen gegenüber Demut zeigen, aber nicht vor ihm auf dem Boden kriechen. Jeder Mensch ist unendlich wertvoll.

Eine meiner Leitlinien lautet darüber hinaus: »Unrecht Gut gedeihet nicht.«

Unter einer Manipulation verstehe ich eine Energie, die Sie aktiv von sich selbst aussenden. Das bedeutet: Sie haben nun plötzlich weniger Energie zur Verfügung. Deshalb schwingen Sie langsamer, sind angreifbarer durch Energien, die sich auf niedrigen Schwingungen befinden. Niedrige Schwingungen sind beispielsweise Diebstahl, Raub oder Betrug. Um auch weniger extreme Situationen aufzuführen: Streit, Beziehungskämpfe und alles andere, was Stress erzeugt. Eine ganz tiefe Schwingung ist beispielsweise Mord. Wenn jemand sehr langsam schwingt, sammelt er um sich herum extrem viel schwere Energie, die er wie ein Magnet anzieht.

Sobald jemand sehr hoch schwingt, wirkt diese hohe Schwingung ebenfalls wie ein Magnet. In unserer Arbeit ist das allerdings keine irdische Energie, sondern die Energie direkt aus dem G4. In diesem Zustand wird alles, was Sie machen, energetisch beschleunigt, also in eine schnellere, höhere Schwingung versetzt.

Nehmen wir an, Sie sind mit verschiedenen Themen beschäftigt. Je mehr solcher Themen Sie haben, desto weniger Freiraum haben Sie, um zu leben. Sobald sich gewisse Themen in Ihnen auflösen, gewinnen Sie Freiraum hinzu. Wie bereits erwähnt, sage ich in meinen Seminaren provokativ: »Das Leben wird dann langweilig.«

Natürlich wird es nicht langweilig, denn diese Freiräume füllen sich wieder auf, allerdings mit sehr viel sinnvolleren und sinngebenden Dingen. Doch am Anfang kann es sich tatsächlich erst einmal leer anfühlen, denn Ihre Zeit ist nicht mehr ausgefüllt mit stressgeladenen Situationen und Konflikten.

Sobald Sie in diesem Zustand sind, sind Sie auch nicht mehr auf Hilfe von außen angewiesen; Sie können vielmehr Hilfe leisten, allerdings mit einem großen Unterschied: Sie verlieren dabei keine Energie mehr. Sie gewinnen sogar noch einen Teil der Energie hinzu, die Sie bei Ihren Mitmenschen freisetzen.

Sobald Sie offen und frei sind, wird niemand etwas von Ihnen wollen. Sie haben keine Energieblockaden und somit keine Themen mehr, mit denen andere Personen in Resonanz gehen könnten. Die Menschen werden sich dann nach Ihnen ausrichten.

Ich bin kürzlich gefragt worden: »Wie kann ich meinem Neffen erklären, wie G4 geht, damit er den Bachelor-Abschluss besser schafft?«

Lassen Sie es mich zuspitzen ... Sofern Sie sich in das Leben eines anderen Menschen einmischen wollen, gibt es zwei Kriterien: Schauen Sie in Ihre linke Handfläche, und sollte wider Erwarten »Gott« darin stehen, dürfen Sie sich zur Hälfte einmischen; falls dann auch noch in Ihrer rechten Handfläche »Gott« steht, haben Sie freie Fahrt, sich zu engagieren.

Im Ernst: Wer gibt Ihnen das Recht, sich in das Leben eines anderen einzumischen? Für solche Interventionen gibt es nur einen Grund: Der Betreffende möchte Macht auf das Leben eines anderen ausüben!

Das gilt selbst in der Kindererziehung. Viele sagen: »Ja, aber ich muss doch meinem Kind beibringen, dass es bei Regen Gummistiefel anziehen soll. Ich muss doch mein Kind erziehen!« Man kann aber auch sagen: »Es ist eigentlich vollkommen egal, ob es barfuß durch Pfützen läuft; wenn es das möchte – warum nicht?!« Es ist eine Kunst, sich nicht einzumischen, nichts zu tun, keine Macht auf andere auszuüben.

In den letzten Monaten sind eine Menge Bücher erschienen, die etwas Ähnliches beschreiben: Wie sich Menschen organisieren, die man nicht führt; wie sie sich entwickeln und in Bewegung kommen. Wie organisieren sie sich?

Indem man ihnen wirklich freie Hand lässt – vergleichbar mit einem Baum:

Bäume können von allein wunderschön wachsen. Doch wer einmal beginnt, sie zu schneiden, muss das lebenslang so weitertreiben, damit sie optimal wachsen.

Es gilt zu akzeptieren, dass jeder Mensch das absolute Recht auf Freiheit hat. Nur wenn jeder auf sich selbst achtet und es jedem Einzelnen gut geht, braucht sich keiner um den anderen zu sorgen und zu kümmern.

G4 und das Gesetz
der **RESONANZ**

Sobald ich aussende, dass ich etwas nicht kann, dass ich zu wenig Vermögen habe, dieses und jenes möchte, zu wenig geliebt oder respektiert werde, nicht verstanden werde usw., erhalte ich genau diese Energie zurück.

Im G4 habe ich dagegen keine Mangelerscheinung! Das System füllt sich auf: Es generiert ein Energiefeld um mich herum, mit dem ich keinen Mangel aussende. Wenn ich mich nicht als Opfer fühle, wenn ich nicht aussende, dass ich Geld brauche bzw. arm bin, kann auch kein »Täter« kommen. Im G4 weiß ich, dass ich genug Liebe habe; dann bekomme ich auch genug Liebe.

Der Kreislauf
des Gebens und Nehmens

Es ist nicht klug, z.B. Geld zu verdienen, aber nichts in den Kreislauf zurückzugeben. Das Ziel ist nicht, die eigene Energie zu sammeln, zu horten, geizig zu sein, sondern alles in Bewegung zu halten, immer den Kreislauf zu nähren. Dann kommt auch wieder Energie zurück. Sobald man loslässt, kann »es« fließen. Man muss erst etwas freigeben (d.h. etwas von sich einbringen), damit man wieder etwas bekommen kann. Wer nichts gibt, wird auch nichts annehmen können.

Deshalb gilt auch: Greift Sie jemand an, dürfen Sie diese Energie nehmen, die der andere in Form von Blockaden hergibt! Der Angreifer kommt mit einem Geschenk zu Ihnen. Er sagt insgeheim: »Ich habe ein Problem. Ich habe viel Energie für dich. Kannst du mir helfen?«

Normalerweise lassen wir das Geschenk fallen und denken: »So eine Unverschämtheit – der greift mich an!« Wir zucken zusammen, und der Angreifer nimmt unsere Energie.

Sobald Sie einem Angreifer seine Energie genommen haben, hat er keine Lust mehr, Ihnen aggressiv zu begegnen. Nicht weil Sie ihn besiegt haben, sondern weil seine Blockade weg ist.

In dem Moment, wo sie gelöst ist, sind da zwei Menschen, die miteinander umgehen können, ohne miteinander verstrickt zu sein, ohne eine Show zu veranstalten oder ein Drama aufzuführen, ohne sich cooler, klüger oder dümmer fühlen zu müssen als der andere.

Angriffe
und **STRESS**reaktionen

Im Rahmen der Epigenetik ist erforscht worden, dass sich bei gestressten Menschen Teile der Gene verändern – die dann auch an die Kinder weitervererbt werden. Weil ihre Eltern den Stress nicht verarbeiten konnten, können Kinder also gestresst sein, ohne selbst Stress ausgesetzt gewesen zu sein.

Bei einem Experiment am Fraunhofer Institut wurden Mäuse durch Nahrungs- und Schlafentzug unter Stress gesetzt. Die Jungen dieser gestressten Mäuse wuchsen zwar ohne diese Stressoren auf, hatten aber eine kürzere Lebensdauer als die Vergleichsgruppe.

Die Gene können sich allerdings auch in den Ursprungszustand zurückentwickeln, wenn die Umwelt- bzw. Lebensbedingungen entsprechend gut sind.

Ich schildere in diesem Kapitel einige Szenarien und komme wiederholt auf denselben Punkt zurück, um Ihnen zu verdeutlichen, welche Wirkung eine angemessene Reaktion im G4 hat, anstatt von einem Stressor schachmatt gesetzt zu werden.

Macht wird immer den Menschen gegeben, die sie nicht einsetzen. Wer sich nach außen hin als Machtmensch darstellt, der scheint für viele Macht zu haben, aber in Wahrheit gibt es keinen Machtloseren als ihn.

Natürlich haben wir Reaktionen erlernt, bei denen der Blutdruck steigt, weil wir in die Fluchtreaktion gehen. Doch es ist leicht erlernbar, diese Reaktionen nicht mehr unterdrücken zu müssen, sondern sie gar nicht mehr zu haben – denn sie lohnen sich nicht.

Schreckens- und Gefahrenmeldungen führen dazu, dass die Menschen verkrampfen und Energie verlieren. Das dient dem System, das uns manipulierbar halten will. Die Effekte der Medien sehen so aus: Wir sollen immer auf Drehzahl gehalten werden, alles soll uns stressen: steigende Benzinpreise, wachsende Lebenshaltungskosten, geifernde Politiker ...

Und? Ist das *Ihr* Problem? Nein, stricken Sie sich daraus kein Problem! Wer in der Ruhe und Entspannung ist, erreicht bessere Ergebnisse als jemand, der schnell aus der Fassung gerät.

Angriffe zählen zu den Dingen, die am meisten Stress verursachen. Und wo sich Menschen bei Angriffen verteidigen, ist viel Energie zu holen. Man greift dann an, wenn man keine Energie hat.

Chefs leiden notorisch unter Energiemangel; sie müssen die Firma leiten, sind immer in Action, oft geschäftlich unterwegs. Dann kommen sie ins Büro und suchen sich jemanden aus: Sie glauben, Energie von anderen zu brauchen, um am Leben zu bleiben.

Je niedriger die Lebensenergie, desto höher das Potenzial an Blockaden, die ich allerdings ebenfalls als Energie betrachte.

Wer in der vollen U-Bahn, wo sehr viele Leute im D1–D4 sind, ins G4 geht und lächelt, erlebt, dass die anderen leicht abrücken, weil sie wahrnehmen, dass etwas anders ist. Die G4-Person in der U-Bahn bekommt die Energie der anderen, nimmt ihnen durch das Lächeln die Blockaden – und dann werden auch die Mundwinkel von vielen anderen nach oben gehen.

Sie kennen vielleicht den Film »Bodhisattwa in Metro« auf Youtube: Jemand beginnt in der U-Bahn zu lachen …, woraufhin schließlich alle lachen. So lösen sich Blockaden auf.

Allerdings: Nicht immer wollen alle Leute ihre Blockaden verlieren – weil sie nämlich dann nichts mehr haben, an dem sie sich festhalten können. Die Menschen haben sich an ihre Blockaden gewöhnt und sind daher oft noch nicht bereit, sie loszulassen.

Gesetzt den Fall, Sie werden das Ziel eines Wutausbruchs – das heißt, jemand möchte Sie ziehen. Im »normalen Leben« ist ein Wutausbruch hilfreich für denjenigen, der in Wut ausbricht; auf diese Weise gelangt er an Energie. Die Regel lautet allerdings: Der Angegriffene (also Sie!) hat mehr Energie als der Angreifer. Wer sich z.B. im D4 befindet, wird niemanden angreifen, der im D2 ist, weil der

»D2ler« noch weniger Energie hat. Sie könnten sich demnach sogar auf die Schulter klopfen, wenn Sie angegriffen werden, denn Sie haben offenbar mehr Energie als der andere.

Schon dieser Gedanke könnte Ihnen helfen, aus dem Stress infolge des Angriffs herauszukommen. Doch weil Sie in Abwehrhaltung gehen, ist Ihnen dies nicht bewusst und Sie fühlen sich schlecht.

Im persönlichen Alltag begegnen Ihnen viele Situationen, die Sie als Angriff bzw. als Stress empfinden könnten:

- Sobald Sie z.B. Ihren Sitznachbarn nicht mögen, bekommt er Energie von Ihnen. Dann wird er eher noch mehr an Sie heranrücken. Wenn Sie dagegen in die »Ist mir egal«-Haltung gehen, selbst wenn der Sitznachbar nicht gut riecht, rückt er allmählich von Ihnen ab.
- Und was passiert, wenn Sie sagen: »Ich will jetzt gesund werden, der Kopfschmerz muss sofort weggehen!«? Der Schmerz schlägt noch stärker ein, weil Sie ihn als Bedrohung auffassen, weil Sie die Blockade vergrößern, weil Sie den ganzen Stress haben möchten, der damit in Bewegung gerät. Wenn Sie dagegen verstehen, dass selbst Ihre Krankheit in Ordnung ist, kann die Krankheit heilen.
- »Diplomatische« Menschen, die nicht gern ihre Meinung sagen bzw. die »einen dicken Hals krie-

gen«, weil sie ihren Ärger nicht herauslassen bzw. ihn hinunterschlucken, haben oft einen Energiestau am Hals. Auch v.a. Frauen, denen die Gesellschaft früher vorschrieb, den Mund halten zu müssen, hatten hier ein Problem. Das nicht gut funktionierende Halschakra führt zu entzündeten Mandeln und fordert förmlich dazu auf, sich (endlich) zu äußern.

- Bei Leuten, die gerne ausgleichen und Frieden schaffen wollen, besteht die Gefahr, dass sie etwas von sich selbst geben, damit der andere den Mund hält, damit er friedlich ist …, damit er bei ihnen bleibt! Das ist allerdings kontraproduktiv, denn in dem Moment, in dem man die (Angriffs-)Energie vom anderen bei ihm belässt und sie nicht nimmt, pflegt man gewissermaßen seine Blockade und sagt: »Dein Angriff ist okay, du darfst ihn jederzeit wiederholen!« Die richtige Lösung wäre, nicht auf diesen Angriff zu reagieren, denn dann passiert etwas Verrücktes: Sie werden ein Wärmegefühl spüren, Sie werden fühlen, dass Ihnen Energie zufließt und Sie mehr Power haben.

Die Energiekurve

Viele Menschen gehen mit ihrem Potenzial folgendermaßen um:

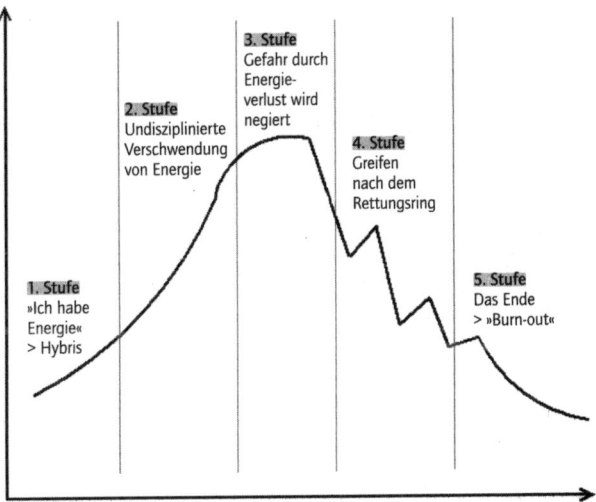

1. Stufe
»Ich habe Energie«
> Hybris

2. Stufe
Undisziplinierte
Verschwendung
von Energie

3. Stufe
Gefahr durch
Energie-
verlust wird
negiert

4. Stufe
Greifen
nach dem
Rettungsring

5. Stufe
Das Ende
> »Burn-out«

1. Stufe: Man meint, viel Energie zu haben. Das ist kritisch; hier beginnt womöglich die Hybris: Man hat ja Energie, man kann mit anderen arbeiten, man kann andere heilen, man kann anderen Energie schenken ...

2. Stufe: Undisziplinierte Energieverschwendung. »Ich habe genug Energie, es klappt ja alles, das bekommen wir locker hin.«

3. Stufe: Die Gefahr durch Energieverlust wird negiert. Man fährt sozusagen entlang der Klippen … und vergisst, dass hinten das Ende kommt. Extreme Absturzgefahr!

4. Stufe: Griff nach dem Rettungsring. Man sucht jemanden auf, der einen energetisch behandeln und auffangen kann. Die Energiekurve geht kurzzeitig nach oben, sackt aber wieder ab.

5. Stufe: Burn-out … Der Körper hat so viele Stresshormone produziert, dass er sie nicht mehr abbauen kann.

In meine Praxis kommen oft ausgebrannte Manager. Sie verdienen unter Umständen Millionen, aber man bedenkt nicht, dass ein Vorstandsvorsitzender mit niemandem reden kann, niemandem seine Schwäche zeigen darf, sondern immer der Beste von allen zu sein hat. Er steht permanent unter Stress. Das Burn-out zwingt ihn dazu, von vorn anzufangen und mit seiner Energie haushalten zu lernen.

Die MindFlow-Technik ist hier sehr geeignet, weil wir sehr schnell das Burn-out – den Angriff von außen – überspringen können: Je mehr Angriff von außen, desto schneller kommt man wieder heraus.

Bei einem sauberen Angriff fließt viel Energie. Es mag erschreckend klingen, ist jedoch wahr: Je schlimmer ein Angriff ist, desto mehr Energie steht im Raum. Wieso?

Ein Mensch, der Sie wirklich angreift, schenkt Ihnen etwas: Er zeigt Ihnen Ihre Themen, Ihre Blockaden – und er möchte zugleich haben, dass Sie ihn heilen! Wie ist jedoch Ihre Reaktion im Normalfall? Erstens fragen Sie sich: »Was habe ich falsch gemacht?« Mit dieser Frage lassen Sie allerdings schon die erste Energie zum Angreifer fließen. Zweitens möchten Sie sich verbessern. Doch dadurch geht noch mehr Energie auf den anderen über.

Wird der Angreifer das nächste Mal wieder zu Ihnen kommen? Na klar, solange er Energie von Ihnen abziehen kann, kehrt er wie ein Bumerang zu Ihnen zurück. Der Effekt: Sie werden müde, während der andere Ihre Energie erhält.

Im Leben ist das so nicht gewollt. Jeder sollte seine Energie behalten – es ist genug Energie für alle da. Diese Energie baut sich permanent in Ihrem System auf, Sie bekommen die Energie z.B. aus dem Universum und/oder von der Erde. Die Energie aus dem G4 ist unendlich vorhanden.

Wir versuchen immer, im Gleichgewicht mit anderen zu sein. Wer im Wollen ist, schwächt sich! Wem es jedoch egal ist, von jemandem angegangen bzw. angegriffen zu werden, der gewinnt an Kraft, während sein Gegenüber schwächer wird. Man kann nicht mehr manipuliert werden.

Der Angreifer, der jemanden »bewegen« will, hat eine Blockade: Er will den anderen besiegen; er ist nicht zufrieden damit, dass der andere z.B. an dieser Position steht. Selbst wenn der Angegriffene körperlich schwächer ist als der Angreifer, wird es dem Angreifer nicht gelingen, ihn zu überwältigen, solange der Angegriffene die Haltung bewahrt, dass ihm der Angriff egal ist. Man könnte im Sinn der Quantenphysik sagen: Der Angegriffene ist nicht (mehr) mit dem Angreifer »verschränkt«.

Diese Erfahrung, nicht auf einen Angriff zu reagieren, muss man einmal gemacht haben – dann merkt sich der Körper diesen Zustand und kann ihn bei Bedarf immer wieder abrufen. Der Körper nimmt alle Energie vom Angreifer – die Blockade des Angreifers löst sich auf, während zugleich seine Energie aufgefüllt wird (Wärmegefühl) und sein System stärker läuft (siehe Unterkapitel »D9«, S. 68ff.).

Lernen Sie, mit Ihrer Energie zu spielen, und zwar so, dass Sie dabei keine Energie verlieren! »Play with life« anstatt »Fight with life«. Wie funktioniert das?

Die Kunst besteht darin, ins Nicht-Tun zu gehen (siehe Kapitel »Das Konzept des NICHT-TUNs«, S. 108ff.) und zu akzeptieren, dass ein anderer da ist. Dann kämpfen Sie nicht mehr. In dem Moment, in dem Sie nichts machen, sind Sie auch nicht mehr von außen angreifbar. Wo auch immer Sie sind, wie auch immer man mit Ihnen umgeht: Es ist okay; Sie haben keine Themen damit.

Der am meisten Gefährdete im G3 (Ebenen D1–D8) ist der Mensch, der sich im D8 befindet, denn er eignet sich als »Futter« für alle. Je höher Ihre Ebene innerhalb von G3 ist, desto mehr Leute werden an Ihrem »Rockzipfel« hängen. Mit – sagen wir mal – 99% Lebensenergie sind Sie dann allerdings für alle Leute in der Umgebung interessant, das heißt, Sie werden extrem attackiert, alle wollen Energie von Ihnen.

Ich kann es nicht oft genug wiederholen: Je schlimmer der Angriff von außen, desto größer ist das Geschenk, desto mehr Energie hat man potenziell zur Verfügung! Je mehr Energie da ist, desto mehr kann man handeln. Im G4 steht unbegrenzt Energie zur Verfügung!

Wir haben im Sommer 2017 ein Seminar in der Wüste gemacht, in Abu Dhabi, 40 Kilometer von der nächsten Zivilisation entfernt. Hier waren wir praktisch nur den Elementen ausgesetzt. Die Hotelbediensteten wurden ziemlich nervös, als wir in der Mittagspause in den heißen Wüstensand hinausgingen, um unsere Übungen zu machen. Was passierte? Fast alle Teilnehmer spürten plötzlich eine Kühle! Der Angriff der Hitze wandelte sich in Energie um, weil wir im G4 waren.

Viele von mir ausgebildete Experts praktizieren das Eisbaden. Es ist ein Angriff, in ein kaltes Gewässer zu steigen. Man kann ihn bewerten und sich vor einem Herzinfarkt infolge der Kälte fürchten. Wer das Eisbaden wagt, kann aber auch ins Wasser hineingehen und merken, wie die Kälte ihm/ihr Energie verleiht.

Das **ANNEHMEN**

Möchten Sie in Ihrem Umfeld etwas aktiv bewirken? Dann sollten Sie sich als Erstes die Frage stellen: *Warum muss jemand etwas für Sie tun?* Falls Sie diese Person manipulieren müssen, wird das auf Sie zurückfallen (siehe Unterkapitel »Ethik«, S. 84f.).

Wenn Sie im Zustand des Wollens sind, funktionieren diese Wünsche nur durch die Aufwendung Ihrer eigenen Lebensenergie, was Ihre Kraft und im schlimmsten Fall auch Ihren Körper und somit Ihre Gesundheit negativ beeinflussen kann.

Die Lösung liegt darin, nicht etwas zu wollen, also etwas durch Energieaufwand und gezielte Intention anzuziehen, sondern ohne Mühe einfach offen und in Akzeptanz dessen zu sein, was da auf Sie wartet, also die Dinge anzunehmen.

Das können anfangs winzige Kleinigkeiten sein. Sie lassen sich auf den Lernprozess des Annehmen-Könnens ein, weil Ihnen alles zusteht. Sobald Sie etwas Kleines annehmen und empfangen, öffnet sich schrittweise der Kanal, und das, was Sie bereit sind anzunehmen, wird immer größer.

Sobald Sie sich etwas vorstellen, limitieren Sie sich und verlieren Energie, weil Sie auf ein

festgelegtes Bild fixiert sind. Lassen Sie dagegen dieses Bild fließen und stellen es in den Strom der Energie, wird es zu Ihnen finden.

Im G4 befinden wir uns in einem Zustand, in dem wir nichts mehr wollen und nichts manipulieren können. Statt allem Möglichen hinterherzurennen, empfangen wir das, was kommt.

Die zentrale Frage bei MindFlow ist nicht, was wir jeweils erreichen wollen, sondern was wir bereit sind, anzunehmen! Das ist ein kompletter Dreh. Denn häufig wollen wir etwas, versuchen Dinge zu manifestieren, die aber nicht zu uns kommen, weil wir Blockaden in uns tragen, die genau das verhindern. Sind wir jedoch in der Annahme, entfaltet sich das Leben für uns. Denn das göttliche Feld – oder wie auch immer man es bezeichnen möchte – hält immer das Beste für uns bereit. Wir müssen nur bereit sein, es anzunehmen.

Sobald Sie im G4 sind, bedeutet das völlige Freiheit von Themen und vom Ego. In diesem Zustand kann Ihr Energiesystem Blockaden loslassen, und neue Energie aus dem G4 kann einströmen. Dadurch können Sie die Energien bei sich selbst, aber auch bei anderen Menschen wieder in den ursprünglichen Fluss bringen.

Nehmen wir an, Sie wären bereit, Erfolg bei Ihrer beruflichen Tätigkeit anzunehmen. Seien Sie dabei nicht nur auf Ihre derzeitige Tätigkeit fixiert. Vielleicht stellt sich der Erfolg mit einer Arbeit ein, die Sie bis jetzt noch nicht als Möglichkeit wahrgenommen haben. Lassen Sie die Energie fließen. Gehen Sie ins G4, seien Sie bereit, Erfolg anzunehmen, und achten Sie nun auf die Zeichen, die sich Ihnen in Ihrem Leben zeigen.

Eine Heilpraktikerin aus meinen Seminaren wollte ihre Praxis zum Erfolg führen, um davon leben zu können. Sie versuchte alles, doch der Patientenstrom stellte sich einfach nicht ein. Doch dann begann sie, sich zu öffnen, und erkannte, dass ihre wahre Fähigkeit in der Seminartätigkeit liegt. Seitdem gibt sie erfolgreich Seminare rund um Behandlungstechniken, mit denen sie zuvor gearbeitet hat.

Seien Sie bereit, neue Möglichkeiten anzunehmen und zu ergreifen, dann wird das für Sie selbst sowie für alle Menschen in Ihrem Umfeld selbstverständlich sein – ohne Neid, ohne Missgunst. Sie haben etwas empfangen, weil Sie es annehmen konnten – was etwas ganz anderes ist, als sich etwas zu erkämpfen. Sie haben es als eine Möglichkeit gesehen, aber weder willentlich gewünscht noch Ihre Intention darauf gerichtet. Sie konnten das, was Sie gesehen haben, annehmen; dadurch ist es in Ihr Leben getreten und wird sich wie selbstverständlich einstellen. Alles, was zum Realisieren notwendig ist, kommt sozusagen automatisch zu Ihnen. Das Leben richtet sich nach Ihnen aus, da Sie im G4 sind.

Das ist der große Unterschied zu allen anderen Techniken. Mehr dazu finden Sie im Kapitel »Das Power-Tool« (S. 166ff.).

Die Umsetzung

Das, was Sie annehmen können, wird in Ihr Leben treten. Das bedeutet aber im Umkehrschluss nicht, dass es Ihnen wie von selbst in den Schoß fällt. Wenn Sie loslassen, werden Gelegenheiten und Personen in Ihr Leben treten. Das heißt auch nicht, planlos durchs Leben zu laufen; es erfordert durchaus Arbeit, Fleiß und Disziplin.

Vergleichen wir es mit dem Autofahren: Wenn Sie auf der Autobahn an allen Ausfahrten vorbeirauschen, wird das, was dort womöglich auf Sie wartet, nie zu Ihnen kommen. Wenn Sie nicht anhalten können, weil Sie zu sehr auf ein zielgerichtetes Wollen fixiert sind, werden Sie Gelegenheiten und Chancen nicht wahrnehmen.

Es gilt, eine Gelegenheit zu pflücken, die reif ist. Das kann, wenn man frei von Blockaden und einem fixierten Wollen ist, einfach so geschehen. Doch dann geht es darum, diese Gelegenheit in unserem G3-Raum zu manifestieren und energetisch zu verankern. Nur durch Ihre Akzeptanz entscheiden Sie letztendlich darüber, was Sie erhalten – das ist losgelöst von dem, was Sie wollen. So viele Möglichkeiten tun sich Ihnen auf! Es geht dann auch gar nicht mehr darum, zu sagen: »Ich will …«; vielmehr sagen Sie: »Ich sehe … und ich nehme an.«

Natürlich kann einmal etwas schiefgehen, doch das gehört dazu und hat Sie auf ein neues Niveau geführt, das Sie ansonsten nie erreicht hätten. In einem solchen Moment werden Ihnen die geeigneten Kräfte zufließen, um mit der Situation fertigzuwerden. Das ist die Intelligenz des G4-Bewusstseins.

Stellen Sie sich vor, Sie haben 20.000 Pralinen vor sich liegen, also quasi unendlich viele Wahlmöglichkeiten. Heute entscheiden Sie sich vielleicht für Nussnougat, morgen für Trüffel und übermorgen für eine andere Leckerei. Das ist das Ende der Beschränkung. In diesem Moment gibt es keine Konkurrenz und kein Anecken mehr. Alles ist in Fülle und Mannigfaltigkeit vorhanden.

Ich gebe Ihnen ein weiteres, ganz alltägliches Beispiel an die Hand: Stellen Sie sich vor, Sie möchten ein Fahrtziel erreichen, stecken jedoch in einem kilometerlangen Stau fest. Sie könnten sich jetzt hineinsteigern, sich ärgern und sich innerlich unter Druck setzen. Oder Sie nehmen den Druck heraus und haben nun Zeit, während des Staus etwas anderes zu machen, beispielsweise Gespräche zu führen oder über ein neues Projekt nachzudenken, und erleben dadurch etwas, was Ihnen sonst nie begegnet wäre. Plötzlich läuft eine neue »Maschine« an.

Ich stand beispielsweise einmal mit meiner Frau im Stau. Die Straße war wegen eines schweren Verkehrsunfalls komplett gesperrt; es ging weder vorwärts noch rückwärts. Rechts befand sich eine Behelfsausfahrt, auf der wir einfach abfuhren; wir folgten unserem Impuls. Schließlich stießen wir auf eine wunderschöne Hütte, kehrten dort ein und lernten nette Menschen kennen. Der Stau war immer noch am Horizont zu sehen, doch wir entspannten uns und nutzten die Gelegenheit dieser Auszeit für uns, sodass wir heute noch (trotz des bedauerlichen Unfalls) gute Erinnerungen daran haben.

G4 und Schwarmintelligenz

Sobald sich viele Menschen im G4 befinden, geht alles seinen Gang, keiner muss sich um irgendetwas kümmern. Jeder gibt Energie und erhält Energie. Es ist ein intelligenter Prozess des gegenseitigen Erschaffens. Jeder schaut auf den anderen, alles greift ineinander, ohne Absicht, ohne Lenken und ohne Regeln. Im G4 folgt jeder seinem Impuls, benötigte Dinge und Menschen werden angezogen, und das System hält sich selbst am Laufen. Es ist einfach nur

Tun, ohne Absicht und Ziel dahinter; es ist die Motivation, aus sich selbst heraus zu existieren und seiner eigenen Bestimmung zu folgen.

Dieses System folgt einer kosmischen Ordnung, vergleichbar einem Fisch- oder Vogelschwarm, in dem sich alle Mitglieder im gleichen Rhythmus und in dieselbe Richtung bewegen – weil alle Schwarmmitglieder im G4 und über dieses höhere Bewusstsein miteinander verbunden sind.

Helga aus München

Mein Selbstwertgefühl war früher ziemlich miserabel und sehr wacklig. Bei jeder Kleinigkeit bin ich umgekippt und gar nicht mehr da gewesen. Das hat sich, seitdem ich mit MindFlow arbeite, sehr zum Positiven verändert. Ich bin nicht mehr so empfindlich. Daraus entstehen viele Veränderungen. Das wirkt sich auf das Privatleben aus, es wirkt sich auf die Partnerschaft aus, wobei wir sowieso ein sehr partnerschaftliches Verhältnis haben, aber auch dort äußere ich seitdem mehr meine eigene Meinung.

Bei der Arbeit ist vieles ganz anders geworden. Ich sage dort so meine Meinung, dass die anderen es akzeptieren können und es nicht als Besserwisserei abtun.

Bei der Arbeit hatte ich zum Beispiel einmal eine Auseinandersetzung mit einem jungen Mann, der stinksauer war und schließlich, schneeweiß im Gesicht, mit geballten und erhobenen Fäusten vor mir stand. Ich dachte, der haut mir gleich eine rein. Doch dann sagte ich mir, okay, ich kann jetzt nicht mehr raus, ich kann nicht weg. Ich habe den Blick gesenkt und auf seine Fäuste geblickt, war völlig ruhig und gelassen im G4-Zustand. In dem Moment ließ er seine Fäuste sinken. Es fiel von ihm genauso ab wie von mir. Er war zwar immer noch laut und sauer – aus seiner Sicht völlig zu Recht –, aber er ist ohne weiteren Streit gegangen, ohne Türenknallen. Und für den Tag war erst mal alles gut. Das war sehr beeindruckend.

Das Konzept
des **NICHT-TUN**s

In der alten Mythologie finden wir Erklärungen für alles. Nehmen wir Homers »Odyssee«: Odysseus trifft auf Polyphem, den einäugigen Riesen mit unermesslicher Kraft, der das Unterbewusstsein darstellt bzw. die Instanz, wo wir fremdgesteuert sind. Wie konnte Odysseus Polyphem überwältigen? Er nannte sich »Niemand«; als Niemand konnte er das Unterbewusstsein besiegen. NIEMAND kann nur NICHTS tun ... Nachdem Polyphems Zyklopen-Auge ausgestochen worden war, schrie er die Brüder zu Hilfe: Niemand habe ihm ein Leid zugefügt, Niemand habe ihn geblendet, Niemand habe ihn zu ermorden versucht ...! So kam es, dass sich die anderen Zyklopen nicht weiter um ihn kümmerten.

Odysseus hatte etwas getan, worauf eine Reaktion erfolgen sollte. Doch wenn man im G4 NICHTS tut, erfolgt keine Reaktion mehr.

Nicht-Tun ist eine Gratwanderung. Im Jahr 2000 habe ich in einem Unternehmen gearbeitet, in dem die Meeting-Kultur stark ausgeprägt war: jeden Tag ein Meeting. Irgendwann fragte ich: »Und wann arbeiten wir ...?« Was ist denn eine Besprechung? Energie geht hin und her, aber nichts kommt in Bewegung. Anstelle einer Besprechung ist es besser, im NICHT-TUN zu sein und die Sachen in die Hand zu nehmen. Das hört sich paradox an, aber man muss nur einmal verstehen, wie es funktioniert.

Es heißt, die dümmsten Bauern hätten die größten Kartoffeln. Das ist nicht böse gemeint. Sie *machen* einfach, anstatt alles zu hinterfragen! Beim Hinterfragen sagt sich der Verstand, dieses XY könne ja nicht so sein; er will alles kontrollieren. Indem man den Verstand ausschaltet und einfach *ist,* kann es dagegen funktionieren. Der Moment, in dem man realisiert, dass man nichts tun muss und trotzdem bestehen kann (siehe Unterkapitel »Das ›Mensch ärgere dich nicht‹-Spielfeld«, S. 80ff.), ist »magisch«. Dann ist man nicht mehr manipulierbar.

Wir – jeder von uns – müssen jederzeit so handeln, dass wir frei sind – frei, zu tun, was notwendig ist. Wir sagen zwar, im G4 tun wir nichts, aber wir tun genau so viel und so wenig, wie erforderlich ist.

NICHT-TUN
und alles erhalten

Wenden wir uns also einem Konzept zu, das häufig falsch verstanden wird, aber für ein intellektuelles Verstehen notwendig ist.

Sobald Sie sich im G4 befinden, fließt Ihnen alle Energie zu. Alles richtet sich nach Ihnen aus. Allerdings bedeutet dies keine Machtposition, in der Sie agieren können, wie Sie wollen. Vielmehr ist es wichtig, in totaler Absichtslosigkeit zu sein. Beenden Sie in diesem Zustand jedes zielgerichtete Handeln! Denn erst, wenn Sie sich selbst aus der Gleichung herausnehmen, fließt die Energie in den richtigen Bahnen. Dann läuft alles in Ihrem Sinne, und es ergibt sich sogar weit mehr, als aus einem zielgerichteten, egozentrierten Zustand heraus möglich gewesen wäre.

Alles ist möglich, denn sobald Sie etwas denken können, existiert diese Möglichkeit auch; es ist dann nur noch Ihre Entscheidung, sie anzunehmen oder nicht. Alles, was Sie denken können, kann sich in diesem Zustand für Sie manifestieren. Wie? Indem sich im G4 alles nach Ihnen ausrichtet, werden Ihnen Menschen, Chancen und Gelegenheiten begegnen, die Sie genau an den Punkt bringen, an dem Sie diese Möglichkeit realisieren können.

Das Prinzip lautet: NICHT-TUN und alles bekommen, wobei mit NICHT-TUN ein Auflösen des absichts- und zielorientierten Handelns gemeint ist. Die Arbeit muss im irdischen Sinne nach wie vor getan werden. Es geht also nicht um »nichts tun«, sondern um **NICHT-TUN im Sinne des absichtslosen Handelns.**

In den folgenden Kapiteln werden Sie die notwendigen Techniken kennenlernen, mit deren Hilfe Sie ins G4 kommen und Ihre Energie erhöhen können. Damit es funktioniert, müssen zwei Voraussetzungen erfüllt sein:

1. Sie müssen sich in einem Zustand der totalen Annahme befinden. Berühren Sie Ihren Solarplexus: Ist er entspannt, dann sind Sie in der richtigen Haltung.

2. Sie müssen sich bewusst sein, dass alles Energie ist. Auch Ihre Blockaden und Begrenzungen sind Energie – zwar eine gestaute Energie, doch trotz allem eine Energie, die in Fluss gebracht werden kann. Wie dies geht, erfahren Sie im Kapitel »Die Energieniveaus« (S. 58ff.).

Umgang mit Forderungen und Erwartungen anderer Menschen

Sicherlich haben Sie im Alltag mit Menschen zu tun, die etwas von Ihnen erwarten, die Ihnen gegenüber Absichten hegen und somit etwas von Ihnen wollen.

Es gibt zwei Ebenen des Umgangs mit diesen Erwartungen:

1) Die Ebene des Annehmens: Sie nehmen die Erwartungen an und erfüllen sie mit Freude, mit Stimmigkeit und mit Ihrer ganzen Energie.

Sobald Sie in keiner negativen Resonanz mehr sind, beispielsweise bei der Arbeit gegenüber Ihrem Chef, fließt die Energie, und die Ihnen übertragenen Aufgaben werden Ihnen leicht von der Hand gehen.

Der viel wichtigere Aspekt dahinter ist aber, dass Sie dadurch Energie von Ihrem Chef erhalten. Ihr Chef möchte Sie zu etwas bewegen, und Sie gehen ins G4 und sagen lächelnd: »Sehr gerne. Darf es noch etwas mehr sein?« Wollen, was man soll ... Die Energie des »Wollens« und des »Tun-Müssens«, die Ihr Chef ausstrahlt, fließt so in Ihr System ein und erhöht Ihr Energieniveau.

Es ist ähnlich wie mit dem Dienen: Einem anderen Menschen zu dienen, macht frei und bringt denjenigen, der in diesem Bewusstsein dient, in die Liebe und in die Wertschätzung.

Das Prinzip des Annehmens bedeutet aber im Umkehrschluss nicht, alles machen zu müssen und anderen als Fußabtreter zu dienen – wobei Ihnen das, sobald Sie im G4 sind, ohnehin nicht mehr passieren wird; der Vollständigkeit halber sei es hier dennoch erwähnt. Denn sollte jemand einen solchen Versuch unternehmen, wird die Person, die etwas von Ihnen will, ihre Energie verlieren und an Sie abgeben.

2) Gehen Sie ins G4, lächeln Sie, und die Energie fließt zu Ihnen.

Der andere wird sich fragen: »Was wollte ich eigentlich? Was war's doch gleich, was ich wollte?« Seine Energie befindet sich dann bei Ihnen und fließt in Ihr System ein. Er wollte etwas von Ihnen, und dieses Wollen hat Ihre energetische Position gestärkt. Die Blockade des »Angreifers« hat sich aufgelöst, und davon profitieren beide.

Das ist die Grundordnung.

Es gibt zahlreiche Überlieferungen von Meistern im asiatischen Schwertkampf, die sich stundenlang gegenüberstanden, ohne eine Bewegung auszuführen. Denn beide wissen: Wer sich bewegt, öffnet sich für eine Lücke, und seine Angriffsenergie kann gegen ihn verwendet werden.

Dieses Prinzip gilt auch in anderen Kampfkunstarten wie Aikido und Wing Tsun sowie bei Qigong-Meistern, die die Angriffsenergie des Gegners umleiten und gegen den Angreifer selbst wenden können.

Das gleiche Prinzip liegt dem MindFlow-Konzept zugrunde. Durch die Anwendung stehen Ihnen alle Wege offen; Sie können sozusagen in alle Richtungen gehen. Jeder Weg ist der richtige, wenn er aus Ihnen selbst heraus kommt. Es gibt keine Absicht und kein Wollen, sondern nur ein Annehmen neuer Wege und neuer Möglichkeiten, die sich aufgrund des G4-Bewusstseins einstellen.

Das »Helfersyndrom« ablegen

Man kann sich um Gott und die Welt kümmern, aber dann schleppt man eine Menge Ballast mit sich herum. Wer einmal den Jakobsweg ging, weiß, dass er beim nächsten Mal besser mit ganz leichtem Gepäck loszieht und nur das Allernötigste mitnimmt.

Je weniger Ballast, je weniger Verstrickungen man hat, desto besser. Ich kann mich nicht für alle verantwortlich fühlen – das ginge über mein Vermögen.

Manche Heiler werden krank, weil sie nur geben. Aber es geht nicht darum, »weniger« zu werden, sich energetisch zu reduzieren und immer zu geben; es gilt, Ballast zu reduzieren.

Zu dem Versuch, die Belange anderer Menschen zu lösen, siehe auch das Unterkapitel »Ethik«, S. 84ff.

Herbert aus Linz

Seitdem ich mit dem MindFlow-Konzept arbeite, habe ich kaum mehr Ängste. Ich hatte viele Strukturierungen und Ordnungsprinzipien, die mir seitdem völlig abhanden gekommen sind. Ich brauche sie einfach nicht mehr.

Auf der anderen Seite bin ich viel hellhöriger und hellfühliger geworden.

Ich bin im Oktober letzten Jahres mit meinem Auto per Fährschiff nach Kreta gefahren. Weil ich nicht schlafen konnte, bin ich um 1 Uhr morgens an Deck gegangen. Ganz oben habe ich mir einen Stuhl genommen, mich hingesetzt und den Himmel beobachtet. Und dann sehe ich, wie da ein Mann ganz oben auf der Brüstung steht. Ich denke mir: Springt der da jetzt? Ich habe nicht reagiert und mich einfach dort hingesetzt.

Auf einmal sagt er zu mir: »Sehen Sie nicht, dass Sie stören?« Ich sage: »Ich weiß nicht, wen du meinst. Ich werde dich nicht beim Springen stören, das wird nicht passieren. Das ist deine Entscheidung. Wenn du da runterhüpfst, werde ich nicht um Hilfe schreien. Ich werde gar nichts tun.« Es hat mich sehr überrascht, dass ich in dem Moment so cool war. Und dann hat eines das andere ergeben.

Eine Stunde später saß er neben mir, wir tranken eine Flasche Wein, und die Geschichte war vorbei.

Dieses Gespür hatte ich früher nicht, obwohl ich 35 Jahre lang Psychotherapie angeboten und 14 verschiedene Ausbildungen gemacht habe. Also, das war schon etwas sehr Bedeutsames. Es wirkt, ohne dass ich eine Absicht habe.

Das **MINDFLOW**-Konzept

Bei MindFlow wird nicht vermittelt, wie man andere dominiert, unterdrückt oder wie man gegen andere gewinnt; wir wollen keine Verlierer produzieren. In Situationen mit einem Verlierer ist die Energie nicht ausgeglichen. Stattdessen gibt es bei der Arbeit im G4 eine Win-win-Situation. Sobald jemand eine Blockade verliert, hat er Heilung erfahren. Bei unserer Arbeit soll immer jeder Beteiligte mit mehr Energie aus Situationen hervorgehen.

Bei MindFlow wird keine Energieübertragung gemacht, sondern wir sorgen dafür, dass sich die eigene Energie maximal entfalten kann. Dann ist die eigene stehende Welle, die jeder Mensch aussendet, optimal, und wir können das bekommen, was uns zusteht – ohne Anstrengung, ohne etwas tun zu müssen.

So wie jeder Mensch ein eigenes Energiefeld hat, hat er auch ein eigenes Lernfeld. Sobald man das versteht, kann man mit Angriffen anders umgehen. Ich muss es nicht persönlich nehmen, dass mich jemand doof findet. Das Einzige, was ich tun kann, ist, damit zurechtzukommen. Ich könnte den Angriff konservieren und über die nächsten zehn Jahre andauern lassen – ich kann ihn aber auch seiner Heilung entgegenschicken.

Blockaden lösen

Im Kern geht es bei MindFlow darum, Blockaden zu lösen, sowohl bei sich selbst als auch bei anderen. Interessanterweise können dabei Blockaden einfach gehen, obwohl sie den Menschen zuvor womöglich jahrelang begleitet haben.

Jeder Mensch hat Blockaden: Die einen sind seit der Geburt da, die anderen sind erworben. Bearbeiten wir die Blockaden nicht, kommt das Gesetz der Resonanz zum Tragen und vergrößert die Blockaden.

Die MindFlow-Technik bringt einen stattdessen innerhalb von Sekunden in einen Zustand des G4, wo die Blockaden »durchgeschüttelt« werden und weichen.

Der Geist ist dem Verstand zugeordnet (siehe die folgende Grafik). »Der Geist ist willig, aber das Fleisch ist schwach.« Der Geist macht, was ich ihm sage. Wenn ich ihm auftrage, beim Verstand zu bleiben, führt er diesen Auftrag aus.

Alle unsere Probleme, Sorgen und körperlichen Schmerzen sind Blockaden; sie befinden sich meist im Bereich des Nervensystems. Ich bezeichne sie als »Spatzen auf der Leine«, während wir das Nervensystem mit Gitarrensaiten vergleichen können.

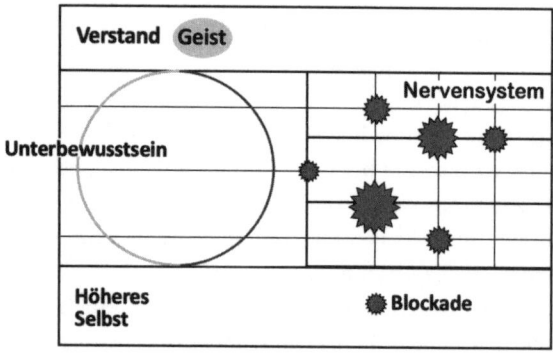

Sobald wir in das G4 gehen, kehrt der freigelassene Geist zu seinem Ursprung, nämlich zum Höheren Selbst, zurück. Er streift dabei über die Gitarrensaiten, »streicht« also über das Nervensystem drüber.

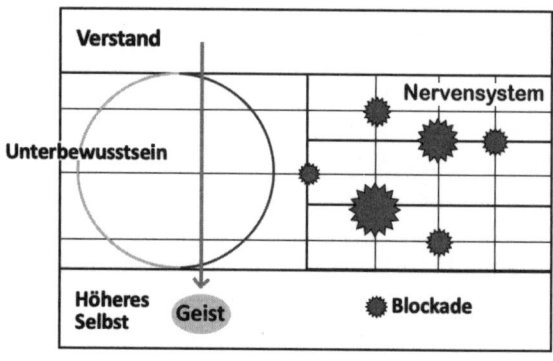

Die Spatzen auf der Leine haben erstmals eine Erschütterung gespürt. Je schneller man dies macht, desto eher wird der erste Spatz von der Leine herunterfallen. Bei jedem Streichen fallen ein oder zwei Spatzen herunter.

Zu beachten ist allerdings: Es fällt nicht unbedingt der Spatz herunter, den man gern fallen sähe; denn sobald man einen bestimmten Spatz anschaut und ihn loswerden will, nährt man ihn wiederum mit viel Energie … und behält ihn. Sagt man jedoch: »Es ist mir vollkommen egal, welcher Spatz herunterfällt«, kann es passieren, dass gerade der größte einen Abgang macht.

Oder stellen Sie sich vor, Sie zerlegen eine Zwiebel: Außen sind die dicksten, härtesten und schmutzigsten Schalen. Je weiter Sie nach innen vordringen, umso dünner und zarter werden sie.

Das Gleiche gilt beim Auflösen von Blockaden: Je weiter wir vordringen, desto feiner und filigraner werden die Blockaden.

Auch ich persönlich habe noch Blockaden und lebe nicht den ganzen Tag im G4, allerdings bin ich meistens im G4, was für andere Menschen anfangs stressig sein kann, weil sie dadurch mit ihren eigenen Blockaden konfrontiert werden. Doch nach einiger Zeit beginnen sie, meine Nähe zu suchen, weil sie unbewusst den Wunsch verspüren, diese Blockaden aufzulösen.

Solange ich Energie aufwende, um mich gegen die Manipulation und Angriffe eines anderen zu wehren oder Widerstand zu leisten, fühle ich mich schlecht. Zu denken: »Ich möchte nicht, dass er/sie mich angreift«, wird meine Labilität vergrößern, nicht meine Stabilität. Stehe ich jedoch auf dem »Mir ist es egal, was er/sie mit mir anstellt«-Standpunkt, muss sich der andere gewaltig anstrengen, um mich zu bewegen, und wird Energie verlieren. Sein Angriff wandert in meine Stabilität. Also: Greift oder schreit mich jemand an, während ich in dieser souveränen Haltung bleibe, werde ich immer stabiler.

Es kommt immer darauf an, wie ich auf den anderen reagiere – auf meine Einstellung. Solange ich mich auflehne, wird mir die Attacke des anderen wehtun. Denke ich dagegen: »Lass ihn machen!«, verschafft es dem anderen keine Genugtuung mehr, gegen mich vorzugehen.

Zur Wiederholung: Es geht um ein »Opfer« und um einen »Täter«. Wenn das Opfer sich nicht mehr als solches auffasst und gewissermaßen die Bühne verlässt, bleibt der Täter allein dort stehen. Ende der Vorstellung. Weil es kein Opfer mehr gibt, hat der Täter keine Aufgabe mehr. Dann schlägt der Täter auf etwas ein, was nicht vorhanden ist. Das geht im ganzen Leben so.

Überlegen Sie mal: Wo fühlen Sie sich als Opfer? In dem Moment, in dem Sie nicht mehr kämpfen, haben Sie die Möglichkeit, alles zu bekommen.

Wer mit der rechten Hand einen Faustschlag macht, kann mit ihr schon nichts mehr nehmen; dann hat er keine Chance mehr, etwas vom anderen zu bekommen.

Mit MindFlow geht man dagegen mit geöffneten Händen durchs Leben. Wer mir begegnet, darf mir alles geben: Man darf mir Geschenke geben, man darf mich angreifen, man darf auf mich wütend sein, man darf mich kritisieren und beschimpfen. Greift mich jemand an, macht er mir sogar ein Geschenk: Es ist einer der Menschen, die es ernst meinen; er geht mit seiner ganzen Wut auf mich zu, er meint es wirklich so. Er gehört nicht zu den Hinterhältigen, die mich offen loben, aber mir von hinten den Dolch in den Rücken stoßen. Er gibt mir seine Lebensenergie – aber dann ist es an mir, sie zu nehmen und ihm gewissermaßen die Therapie zu schenken, indem ich zum Ausdruck bringe: »Okay, mit mir musst du es nicht mehr machen, ich hab's verstanden – es ist alles gut.«

In dem Moment, in dem ich nichts mehr darstellen will, wenn ich keine Blockaden habe, wenn ich jeden so akzeptieren kann, wie er ist, kann er sich mit mir nicht mehr »verhaken«. Sobald er mich als Täter angreifen möchte, trete ich als mögliches Opfer ab und sage: »Sorry, mit mir nicht!« Das ist, als würde ich zu Ihnen sagen: »Komm, wir prügeln uns jetzt.« Und Sie antworten darauf: »Okay, geh schon mal raus, Tom, und fang an zu bluten; ich komme nach.« Es gibt dann keinerlei Verstrickungen mehr.

Die Energie erhöhen

Zu meinem Bekanntenkreis zählte ein Stotterer; er brauchte immer sehr lange, um sich zu äußern. Eines Tages musste er etwas erklären, und wie ich wusste, würde das einige Zeit in Anspruch nehmen. Daraufhin ging ich ins G4 und sagte zu ihm: »Oje, das kann jetzt länger dauern …« Er sah mich an, die Gruppe und er fingen an zu lachen, und von diesem Moment an war seine Blockade aufgelöst – er hat nie wieder gestottert. Wie ist das möglich?

Stellen Sie sich einen Eisklumpen vor: gefrorenes Wasser, hart und unbeweglich. Nun öffnen Sie eine Tür (was dem Anheben der energetischen Frequenz auf G4 entspricht), die Sonne kann hereinscheinen, und der Eisklumpen beginnt zu schmelzen. Die starre Struktur hat sich in Wasser aufgelöst und ist nun beweglich geworden. Das Wasser kann frei fließen.

Wenn wir dieser Metapher weiter folgen, kann bei kontinuierlicher Sonneneinstrahlung, also dem Verweilen im Feld von G4, das Wasser verdunsten und sich damit, anders als Eis oder Wasser in flüssiger Form, frei in der Luft bewegen. Somit ist die Energie nicht nur im freien Fluss, sie ist auch überall. Der Wasserdampf dringt durch Türen, Fenster und alle Gegenstände. Die Möglichkeiten potenzieren sich, und das Leben findet buchstäblich auf einer neue Ebene statt.

Ja, es wird noch besser: Wer die Blockaden eines anderen Menschen aufgelöst hat, erhält einen Teil der freigesetzten Energie direkt in sein System, was ihn wiederum auf eine höhere Stufe hebt und seine Möglichkeiten potenziert; er wird sozusagen von warmem Wasserdampf zu heißem Wasserdampf.

Zusammengefasst können wir also sagen: Der Eisklumpen entspricht den Blockaden der Dimensionen D1–D4; er beginnt zu schmelzen, was energetisch D5–D8 entspricht. Sobald das Wasser verdampft, befinden wir uns auf D9–D12, also auf der G4-Ebene.

Was als »Eisblock« natürlich nie möglich wäre: Im G4 können Sie, um bei unserem Bild zu bleiben, überall sein und durch jede Ritze dringen, ja selbst den schmalsten Engpass überwinden; Sie können überall mitschwingen!

Ein kleine Alltagsgeschichte zur Verdeutlichung: In einen Aufzug kann man sich – wie ein Eisklotz – mit nach unten gerichtetem Blick hineinstellen und hoffen, nicht erkannt zu werden. Man kann es aber auch anders machen und den ängstlichen Aufzugnutzern die Blockade nehmen: Ich hüpfe nach dem Betreten des Lifts zuweilen kurz auf der Stelle und sage: »Au, hoffentlich hält er …!« Man muss es natürlich »nehmen« können, falls man daraufhin von jemandem angemeckert wird, weil hundert Kilo schon eine gewisse Erschütterung im Aufzug erzeugen können. Im Normalfall dient meine »auftauende« Bemerkung aber als Entrée für ein kurzes, amüsantes Gespräch.

Beispiele – aus dem Leben gegriffen

Einmal wurden zwei Jugendliche von ihrer Mutter zu mir gebracht, weil sie regelmäßig von ihrem Vater geschlagen wurden. Ich zeigte ihnen die Asanas, mit denen es ihnen gelang, ins G4 zu kommen.

Das Ergebnis: Der Vater hat sie nie wieder misshandelt. Warum?

Wenn der Vater die Kinder anfasste oder schlug, wollte er eigentlich Nähe haben. Das war eine Blockade des Vaters. Doch sobald die Jugendlichen mit der Blockade des Vaters nicht mehr in Resonanz gingen, ließ er die Hände von ihnen, weil er dadurch seine Energie verloren hätte. Solche Menschen gehen immer nur dorthin, wo sie sich Energie holen können, niemals dorthin, wo sie Energie verlieren.

Dies ist eine wichtige Lektion für uns alle, sie lautet: **Immer geht der Schwächere auf den Stärkeren los, um von ihm Energie zu erhalten.** Wer angegriffen wird, ist energetisch betrachtet in der stärkeren Position. Das impliziert interessanterweise auch, dass in Opfer-Täter-Konstellationen die »Opfer«

mehr Energie haben als die »Täter«, allerdings lassen es Erstere zu, dass ihnen diese Energie geraubt wird.

Eine Freundin von mir besitzt eine Boutique in Stuttgart. Die Mitarbeiterinnen wurden im Geschäft des Öfteren von einem Exhibitionisten belästigt, sodass sie schon nicht mehr dort arbeiten wollten. Ihre Chefin holte sich Rat bei mir. Als der Mann das nächste Mal das Geschäft betrat, rief sie ihm auf Schwäbisch zu: »Ficke willscht? I hätt jetzt au Luscht.«

Was passierte? Der Exhibitionist tauchte nie wieder auf. Warum? Es machte ihm keinen Spaß mehr, da er keine Reaktion mehr hervorrief. Die Sache war mit einem Mal erledigt. Und glauben Sie mir: Er hat die Blockaden verloren, er ist mit diesem Thema durch, er wird das nie wieder machen.

Der Umgang mit Energie

Wenn Sie sich ärgern, geben Sie automatisch Energie ab. Lohnt sich das?

Während Sie sich ärgern: Schauen Sie in Ihre Umgebung – irgendeiner wird zu lächeln beginnen, nämlich der, der die Energie bekommt.

Ich bin einmal am Flughafen von Basel gelandet, und dort kontrollierte nur ein einziger Grenzbeamter eine sehr lange Passagierschlange von vier Flugzeugen. Die Stimmung war entsprechend »geladen«. Vor mir stand ein älterer Franzose; er war zuerst ganz verbissen. Nach einer Weile reichte er seiner Frau den Rucksack und meinte laut: »Wenn da jetzt die Passkontrolle ist …, nimm DU die Drogen …!«

Alle um ihn herum lachten. Warum? Er hatte offenbar die starke Energie im Raum aufgenommen, und nun konnte er Spaß machen. Dadurch kam das ganze Umfeld in Bewegung. (Warnhinweis: Solche Sprüche kann man sich nicht an jedem Flughafen erlauben …!)

Wenn Sie bei einem anderen Menschen Blockaden lösen, fließt Ihnen Energie zu, und das macht Sie sehr kraftvoll. Dabei ist es keineswegs so, dass der andere darunter leidet, ganz im Gegenteil, denn er verliert seine Blockade. Es ist eine Win-win-Situation – beide Parteien profitieren. Deshalb empfehle ich Ihnen dringend: Pflegen Sie keine Blockaden bei Menschen mehr, sondern versuchen Sie, sie zu lösen. Sie profitieren beide.

In meinen Seminaren bin ich keineswegs der »nette Typ«; ich gehe die Teilnehmer manchmal richtig an. Sie wissen allerdings genau, weshalb ich das tue – nämlich um ihnen durch meine provozierende Haltung zu helfen, ihre Blockaden zu lösen. Mit ihren Reaktionen kann ich umgehen. Sagt jemand zu mir: »Tom, du bist das größte A…loch der Welt!«, kontere ich: »Stimmt. Na los, gib's mir!«

Und damit meine ich: »Schimpf ruhig noch mehr mit mir, gib mir bitte noch mehr von deiner Energie, denn ich finde, das war noch nicht genug.«

Wenn Sie erst einmal wissen, was damit ausgelöst wird, dürfen Sie *alles* fragen – unter einer Bedingung: Sie müssen vorher ins G4 gehen und das, was dann kommt, auch aushalten und annehmen können! Sagen Sie sich: »Egal, was auf mich zukommt, es ist Energie, und ich werde diese Energie genießen.«

Sich in das G4-Bewusstsein zu begeben, ist also das A und O. Was Sie dann sagen oder fragen, ist zweitrangig; bedeutender ist die energetische Grundhaltung, aus der heraus Sie es tun:

Falls Sie den anderen verletzen oder diskreditieren wollen, wird es nicht funktionieren; das wäre der erste Fehler. Sie müssen die Frage in einer total neutralen Haltung an Ihr Gegenüber richten, frei von einer Meinung oder einer Emotion.

Der zweite Fehler bestünde darin, die Reaktion Ihres Gegenübers persönlich zu nehmen. Denn auch dann hätten Sie verloren.

Behalten Sie diese fett gesetzten Sätze in Erinnerung, wenn Sie das folgende Beispiel lesen:

Zu mir in die Praxis kam einmal eine Frau, die eine starke Belästigung hinter sich hatte. Ich hätte natürlich ihre Blockaden pflegen können, ihre Traumata bearbeiten und sie in ihrem Leid, ihrer Trauer, ihrer Wut und ihrem Schmerz stärken können.

Doch ich stellte ihr nur eine Frage, woraufhin sich bei ihr alles verändert hat. Ich wechselte ins G4 (die unverzichtbare Voraussetzung!) und fragte sie: »Und, haben Sie es genossen?«

Durch meine provokante Frage entluden sich in diesem Moment ihre gesamte Wut und ihr ganzer Hass, und das hieß: Sie ließ ihre gesamte Blockade los. Ich stand nur mit offener Hand da und nahm ihre Energie auf. Sie schrie und weinte etwa fünf Minuten lang, dann war die Blockade aufgelöst und sie konnte diese Erfahrung annehmen. Sie hatte keinen Konflikt mehr damit, das Thema war gelöst, sie war wieder frei.

Was lernen wir daraus? Sie helfen anderen Menschen nicht, indem Sie ihre Blockaden »pflegen«, sondern indem Sie sie dazu bringen, die blockierte Energie freizusetzen und zugleich das damit verbundene Trauma loszulassen.

Wir wollen an dieser Stelle eine **Übung** einflechten, um diese Grundhaltung zu verdeutlichen:

Sprechen Sie einen Menschen an, der ein Konfliktthema hat. Für den Anfang sollte es eher ein kleinerer Konflikt sein, der vor allem nichts mit Ihnen zu tun hat. Sprechen Sie das Konfliktthema an, ohne Wertung und ohne Absicht. Sie tun nichts und überlassen dem Gespräch einfach seinen Lauf; Sie sind nur Zuhörer. Ihr Gegenüber erzählt Ihnen von seinem Problem, seinem Konflikt.

Heben Sie die rechte Hand (das können Sie unter dem Tisch machen, damit Ihr Gegenüber es nicht sieht). Dieses Gespräch kann natürlich auch am Telefon stattfinden.

Nehmen Sie nun das, was kommt, als Energie, als einen warmen Wind wahr, der in Ihr System hineinfließt. Ihre linke Hand liegt mit der Handfläche nach unten auf Ihrem linken Oberschenkel, sodass die Energie in Ihrem System zirkulieren kann. Wie Sie spüren werden, baut sich die Energie relativ schnell ab, und die Blockade löst sich auf. Beobachten Sie, wie sich das Gesicht oder die Stimme Ihres Gegenübers verändert und wie sich seine Anspannung entlädt.

Eine Seminarteilnehmerin von mir nimmt beruflich an vielen Meetings teil. Sie hält während der Meetings, in denen es teilweise viele Ego- und Machtkämpfe gibt, ihre rechte Handfläche unter dem Tisch zum Redeführer hin gerichtet, die linke Handfläche liegt auf ihrem Oberschenkel. Sie nimmt die Blockaden der Teilnehmer auf und erhöht damit ihre eigene Energie. Interessant dabei ist: Seitdem sie das macht, verlaufen die Meetings ruhiger, konzentrierter und viel entspannter. Anfangs haben die machtbesessenen »Alphatiere« während des Meetings so viel Energie verloren, dass sie das Meeting vorzeitig abbrechen wollten. Sie sind dann ruhiger und besonnener geworden, sodass sich die beste Lösung für alle Beteiligten einstellen konnte. Und das blieb auch nachhaltig so. Die Manager haben ihre Blockaden verloren, und zwar nicht durch markige Sprüche, sondern durch einen subtilen, für sie nicht wahrnehmbaren Energiefluss, der ihre Blockaden gelockert und schließlich aufgelöst hat.

In dem Moment, in dem Ihnen Wärme zufließt oder Sie Wärme spüren, bekommen Sie Energie. Sobald Sie Kälte verspüren, verlieren Sie selbst eine Blockade, und der Energiestau löst sich auf.

Maria aus Ingolstadt

Ich arbeite viel im Garten. Seitdem ich das MindFlow-Konzept praktiziere, pflanze und säe ich im G4-Zustand. Das wirkt sich auch auf die Pflanzen aus. Letztes Jahr habe ich alles, was ich gepflanzt habe, im G4-Bewusstein gepflanzt. Die Ernte war viel größer als das Jahr zuvor. Im Vorjahr wurde viel von den Wühlmäusen weggefressen, im letzten Jahr, in dem wir aus G4 heraus gepflanzt haben, gar nicht. Das war total beeindruckend. So hatten wir den ganzen Sommer frisches Gemüse aus dem Garten.

Die **ASANAS**

Mit den nachfolgend beschriebenen Körperübungen, die wir wie im Yoga als »Asanas« bezeichnen, aktivieren Sie den Energiefluss in Ihnen. Sie können im Alltag verwendet werden, um sich gegen andere Menschen »durchzusetzen«, ohne einen Gegner zu produzieren! Es gilt also dabei, keinen Widerstand zu bekommen, sondern den anderen mit ins G4 zu nehmen. Man kann die Asanas überall machen, wo viel Power oder Angriff ist.

Die Asanas haben einen direkten Einfluss auf die Nadis des Körpers. Je häufiger Sie die Asanas praktizieren, desto stärker wird der Energiefluss in den Nadis und desto höher wird deren Kapazität, Energie zu transportieren.

Wir stellen Ihnen fünf Asanas vor. Führen Sie sie am besten täglich in der beschriebenen Reihenfolge durch. Mit dieser Praxis können Sie Ihren Körper energetisch stärken und in einen G4-ähnlichen Zustand gelangen.

Bitte achten Sie am Anfang darauf, die Asanas immer *Richtung Osten* zu praktizieren, denn dann verläuft die Erddrehung in Ihre Richtung; die Energie, die Erdstrahlung, strömt direkt auf Sie zu und baut Ihr Energiesystem zusätzlich auf. Sie sollten zudem möglichst *nicht mittags* üben, solange die Sonne im Zenit steht, weil nun die Erdstrahlung durch die Sonnenstrahlung nach unten gedrückt wird und minimal ist; die Asanas sind dann nicht so wirksam. Nachts und bei Sonnenaufgang sowie Sonnenuntergang, wenn die Sonne in einem flachen Winkel steht, ist die Erdstrahlung am stärksten und wird durch die Asanas am besten aufgenommen.

Die *Augen sind offen* und die *Knie durchlässig.* Je häufiger Sie die Asanas üben – am besten zweimal täglich, morgens und abends –, desto länger kann sich der G4-Zustand in Ihrem Körper einstellen.

1. Das Aushängen

- Sorgt für gute Erdung
- Zugehöriges Chakra: Wurzelchakra (1. Chakra)
- Stellung der Füße: hüftbreit auseinander
- Die Knie sind nicht durchgedrückt
- Oberkörper und Kopf hängen locker nach vorne hinunter
- Atmung durch den Mund (!)
- Die Hände dürfen den Boden nicht berühren, da sonst die Energie wieder abfließt
- Die Arme können leicht schwingen
- Der Körper pendelt oder dreht sich leicht

2.   Die H-Stellung

- Allschaltung, Verbindung
  zwischen Himmel und Erde
- Zugehöriges Chakra:
  Kronenchakra (7. Chakra)
- Füße und Knie befinden sich in
  einer leicht geöffneten Stellung
- Arme werden senkrecht bis
  neben die Ohren angehoben
- Handflächen zeigen zueinander
- Kopf wird auf eine »2 Uhr«-Stellung
  angehoben, als würde man zur
  Sonne emporschauen
- Atmung durch die Nase
- Die Energie fließt durch
  die Hände und Arme
  in den Körper

3.   Die Y-Stellung

- »Jesus fährt in den Himmel auf«
- Zugehöriges Chakra: Stirnchakra (6. Chakra)
- Füße und Knie sind jeweils zusammen
- Arme werden seitlich weit ausgestreckt und
  über den Kopf gehoben, wie ein Y (es gilt zu
  spüren, mit welcher Armposition man
  individuell am meisten Energie empfängt)

- Handflächen sind nach oben geöffnet, als wollte man einen großen Ball fangen
- Hände wirken wie Antennen, die Energie aufnehmen
- Kopf befindet sich in »2 Uhr«-Stellung, als würde man zur Sonne emporschauen
- Atmung durch die Nase
- Die Energie kommt aus dem Boden und fließt nach oben

4. Der Priester

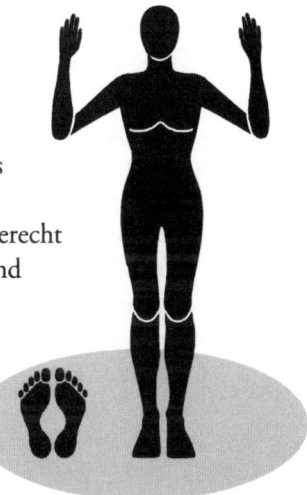

- Stellung wie ein Priester, der die Gemeinde segnet
- Zugehöriges Chakra: Sakralchakra (2. Chakra)
- Füße und Knie sind jeweils zusammen
- Arme werden seitlich waagerecht ausgestreckt, Unterarme sind nach oben angewinkelt
- Handflächen zeigen nach vorn
- Kopf ist erhoben, Blick geht leicht nach oben

- Atmung durch die Nase
- Die Energie ist nach vorn gerichtet

5.   Die Rakete

- »Abheben«
- Chakra: Solarplexus (3. Chakra)
- Füße und Knie sind jeweils zusammen
- Fortgeschrittene können die Füße in V-Stellung bringen, wobei sich die Fersen berühren
- Kopf ist erhoben, Blick geht leicht nach oben
- Atmung durch die Nase
- Arme werden seitlich vom Körper weggestreckt, wie Tragflächen
- Handflächen zeigen zum Boden
- Die Energie drückt, von unten kommend, gegen die Hände, wie beim Abheben eines Flugkörpers
- Richtige Armstellung: dort, wo der meiste Auftrieb verspürt wird

Zum Abschluss: Energie verteilen

Stellen Sie sich breitbeinig hin, bücken Sie sich nach vorne und stellen Sie sich vor, wie Sie in einen Haufen Daunen/Flaumfedern greifen, der vor Ihren Füßen liegt. Heben Sie die Daunen über den Kopf.

Reißen/zupfen Sie die Daunen mit den Fingern auseinander.

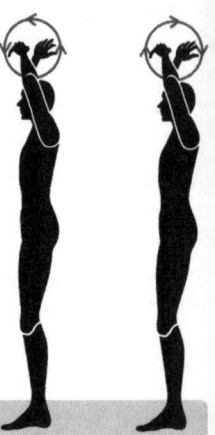

Verteilen Sie die Daunen über Ihrem Kopf, indem Sie Ihre Handflächen 3-mal nach vorne sowie 3-mal nach hinten drehen.

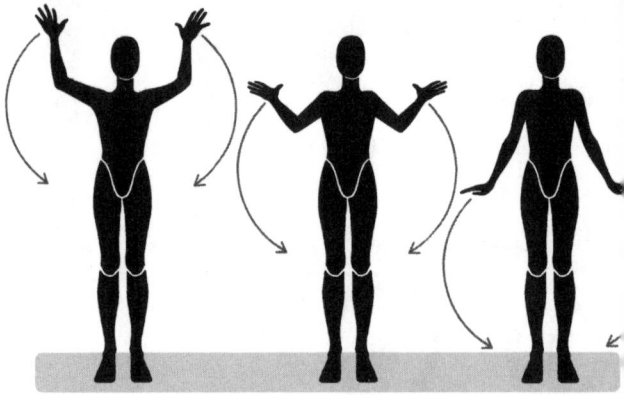

Drücken Sie nun Ihre Arme links und rechts am Körper hinunter. Sie sollten an den Händen eine leichte Kühle spüren, die dadurch entsteht, dass Sie die überschüssige Energie aus dem Körper abstreifen.

Wiederholen Sie den Ablauf »Energie verteilen« insgesamt drei Mal.

Hände auf Solarplexus

Legen Sie nun die rechte Hand auf Ihren Solar-
plexus und die linke Hand ca. 10 Zentimeter
vor die rechte Hand. Verweilen Sie einige
Minuten in dieser Haltung; jetzt wird
dem Körper Energie zugeführt. Der Solar-
plexus entspannt sich, es baut sich ein
Vortex, ein Energiewirbel, auf.
Spüren Sie, wie Ihre Hände von
Energie umflossen werden.
Dies kann sich anfühlen, wie wenn
Teig um die Hände gewickelt wird.
Die Blockaden lösen sich.

Beenden der Asanas

Lassen Sie nun die Hände entspannt am Körper her-
unterhängen. Bleiben Sie ruhig stehen, spüren Sie der
Energie nach und treten Sie dann nach hinten weg.

• • •

Mithilfe dieser fünf Asanas kann Ihr Körper, ähnlich einer Antenne, Energie aufnehmen. Die verschiedenen Positionen sind dabei wie verschiedene
Antennenformen, welche jeweils anderen Frequen-
zen zugeteilt sind.

Genießen Sie nun diesen Zustand, der – je nach Übung – die nächsten Minuten oder auch Stunden anhalten wird. Sie werden feststellen, dass Ihnen Reaktionen von gestressten Menschen nichts ausmachen und sogar Ihre eigene Energie weiter kräftigen werden.

Der Ablauf der Asanas sollte zwei bis fünf Minuten dauern und kann gut in den Alltag integriert werden. Es ist ein minimaler Zeitaufwand mit großer Wirkung.

Über unsere Website www.mindflow.academy können Sie als Hilfestellung für die tägliche Ausübung der Asanas eine Videoanleitung erhalten. Das Video ist mit Musik hinterlegt, die eigens für die Asanas komponiert wurde. Zusätzlich habe ich eine Anleitung zu den Asanas gesprochen. Die Aufnahmen entstanden auf einer unserer Reisen und zeigen unsere Gruppe beim Praktizieren.

ANLEITUNG,
um in das **G4** zu kommen

Vorweg sei gesagt: Sobald Sie bewerten, gelangen Sie nicht ins G4. Das heißt auch: Es ist nicht geschickt, sich z.B. mit den Asanas auf eine Situation vorzubereiten, weil dann unweigerlich die Erwartung (Bewertung) präsent ist, wie sich die Situation entwickeln wird. Um ins G4 zu gelangen, geht man einfach mit Neugier heran … und macht, was getan werden will. Man ist dann nicht verschränkt, nicht eingegrenzt, sondern völlig frei.

Die Ausgangsbasis

Experimentieren Sie mit den folgenden Anleitungen, die Ihnen helfen werden, in das G4 zu kommen, und machen Sie Ihre eigenen Erfahrungen. Je häufiger Sie den G4-Zustand erfahren, desto leichter gelingt es Ihnen, in ihn hineinzufinden.

Praktizieren Sie regelmäßig die Asanas, am besten morgens und abends, damit sich die Nadis für die G4-Energie weiten und Ihr System gefestigt und stabilisiert ist.

Als Basis aller Anleitungen, um in das G4 zu kommen, gilt:

1. Seien Sie vollkommen entspannt und lösen Sie sich von Ihren Alltagsgedanken und Sorgen. Atmen Sie ruhig und tief.

2. Lösen Sie sich von jeglichem Wollen, gehen Sie in eine Haltung der Neutralität und der Absichtslosigkeit.

3. Seien Sie frei von Emotionen, Gedanken und Erwartungen hinsichtlich der Person oder Situation, mit der Sie es gerade zu tun haben.

4. Spüren Sie, wie Ihnen Energie zufließt. Nehmen Sie diese als einen warmen Wind wahr, der auf Ihr System einströmt.

5. Gehen Sie in einen Zustand der totalen Annahme und Offenheit.

Das »Kleine-Finger-Mudra«

Es gibt verschiedene Arten, um in das G4 zu gelangen; eine davon ist die Ausübung des »Kleine-Finger-Mudras«.

Gehen Sie in die Ausgangsbasis. Führen Sie dann diese Übung für ein bis zwei Minuten durch. Dadurch entsteht eine Art »Reset« in Ihrem Körpersystem; Sie werden ruhiger, entspannen sich und können mit Leichtigkeit in das G4 eintreten.

Die Nullpunktposition

Die Nullpunktposition haben wir im Kapitel »Das G4« (S. 78f.) beschrieben. Lesen Sie diese Stelle gegebenenfalls noch einmal nach und spüren Sie, wie sich Ihr Gesäßmuskel in einem entspannten und in einem angespannten Zustand verhält.

Das Weiten der Pupillen

Gehen Sie die beschriebenen Schritte 1 bis 5 durch (»Die Ausgangsbasis«).

Fixieren Sie nun einen Punkt vor sich und fühlen Sie, wie sich Ihre Pupillen weiten – ein Anzeichen dafür, dass Sie sich im G4 befinden.

Praktizieren Sie dies einige Male vor einem Spiegel. Wie Sie feststellen werden, gelangen Sie mit kontinuierlicher Praxis sehr schnell in das G4.

»Ich bin«

Sprechen Sie innerlich oder, wenn möglich, gerne auch laut die zwei Wörter **»Ich bin«** aus. Dadurch verankern Sie sich im Hier und Jetzt. Sie sind da, unverrückbar und vollständig.

Energie holen

Sollten Sie sich einmal ausgebrannt oder energielos fühlen, können Sie sich mit den beiden folgenden Übungen jederzeit wieder mit Energie aufladen. Sie können es sich wie einen Wasserstrahl vorstellen, der auf Sie gerichtet ist und Ihr Energiesystem auffüllt.

> Die Energie eines Flusses

Gehen Sie stromaufwärts (d.h. gegen den Wasserlauf) an einem Flussufer entlang. Stellen Sie sich vor, wie die Energie des Wassers in Ihr Energiesystem einströmt. Das Wasser wird Sie reinigen, und die Energie des Wassers wird Ihr Energiesystem aufbauen.

> Ionenföhn oder Turmalinföhn

Ebenfalls eine sehr gute Möglichkeit, Energie aufzunehmen: Nutzen Sie einen üblichen Ionenföhn oder Turmalinföhn. Lassen Sie die Föhnluft von vorne auf Ihren Körper einströmen, am besten warme Luft, da sie mehr Energie hat. Föhnen Sie Ihren Körper von den Füßen bis zu Ihrem Kopf. Die heiße, ionisierte Luft wird auch einige energetische Blockaden auflösen.

Föhnen Sie aber während der Übung *nicht* Ihre Haare, da sich in den Haaren viel Energie befindet, die dann wieder »ausgeblasen« werden könnte!

Woran Sie erkennen,
dass Sie im G4 sind

Das Sein im G4 braucht ein gewisses Training – schon deshalb, weil die Nadis, die Energiebahnen im Körper, anfangs so dünn sind wie ein Haar. Mit zunehmender Übung weiten sich die Nadis; irgendwann können sie viel Energie speichern, sodass sie den ganzen Tag verfügbar ist.

Sie sind im G4, wenn Sie nach den Asanas oder Übungen keine Verspannungen mehr im Körper spüren und das Gefühl haben, einen halben Meter tief in den Boden eingesunken zu sein. Erweiterte und damit entspannte Pupillen zeigen ebenfalls an, dass Sie im G4-Bewusstsein sind.

Achten Sie auch auf Ihren Solarplexus: Ein weicher und entspannter Solarplexus ist ein gutes Zeichen für G4.

Alice aus München

Ich bin Anwältin. Ich habe immer schon viel verhandelt und bin ein Freund von sinnvollen Lösungen und nicht von Lösungen, die mit der Brechstange herbeigeführt werden, was dann keinen glücklich macht und viel Geld, viel Zeit und Nerven kostet.

Wenn ich ins G4 gehe und schaue, wo Energien fließen und wo Blockaden sitzen, an welcher Stelle sich die Mandanten verhakt haben, kann ich das manchmal ganz offen bei meinen Mandanten ansprechen. Dann kann ich auf eine andere Lösung hinarbeiten – eine Lösung, die vor allem langfristig für beide Parteien eine Win-win-Situation ist.

Die **ENERGIEANNAHME-**
Technik

Mit der Energieannahme-Technik können Sie belastende vergangene sowie gegenwärtige Situationen in Ihrem Leben auflösen; sie kann auch auf Beziehungen, Projekte oder Probleme angewandt werden.

Bei der Energieannahme-Übung gehen Sie in das Thema hinein, das Sie sehr beschäftigt – am besten eines, das Sie sehr triggert, denn dort ist viel Energie vorhanden –, und dann ist bei der Energieannahme-Technik die Möglichkeit gegeben, diese Energie auf einen Schlag zu nehmen.

Seien Sie sich bitte bewusst, dass Sie hier in einem Gesamtsystem arbeiten: *Alles ist mit allem verbunden.* Wenn Sie einer Situation aus der Vergangenheit Energie abziehen, wird das einen Einfluss auf Ihre Gegenwart sowie auf die damals beteiligten Menschen haben.

Sollten Sie aktuelle Probleme oder Schwierigkeiten mit dieser Technik bearbeiten, gehen Sie danach in eine Haltung des Annehmens und öffnen Sie sich für neue Wege und Möglichkeiten.

So funktioniert die Energieannahme-Technik«:

1. Praktizieren Sie vorab die Asanas.

2. Stellen Sie sich zu Hause vor ein Bild/Gemälde/
   Foto bzw. vor etwas, das sich eignet, um darauf
   ein Bild geistig projizieren zu können.

3. Legen Sie Ihre linke Handfläche auf Ihren linken Oberschenkel.

4. Die rechte Hand ist senkrecht
   bzw. parallel zu dem Bild ausgerichtet. (Die rechte Hand ist die
   gebende Hand. Wir verwenden
   sie bei der Energieannahme,
   da mit ihr die Energieblockade
   »aufgestochen« wird. Während
   die linke Hand zugleich am
   Oberschenkel aufliegt, entsteht
   ein Kreislauf, und die Energie
   der Blockade fließt direkt in Ihr
   System.)

5. Gehen Sie ins G4 und in die Absichtslosigkeit.
   Versuchen Sie nicht, etwas zu verändern, sondern einfach die Energie anzunehmen.

6. Projizieren Sie nun ein Thema, das Sie in Ihrem
   Leben auflösen möchten, auf dieses Bild, das als

Leinwand dient. Gehen Sie dabei nicht in das Thema hinein! Sie schauen nur an, was abläuft, ohne Teil davon zu sein. Halten Sie die Augen geöffnet; Sie sind nur Beobachter/in.

7. Nun zapfen Sie die Energie an, die für Sie in diesem Thema liegt, wie bei einem Wassertank, dessen Hahn Sie öffnen und aus dem nun Energie in Sie hineinfließt.

8. Wenn die Energie einschießt, werden Sie ein kurzes Zucken im Körper verspüren und der Körper kann zu taumeln beginnen.

9. Sobald die Energie wieder weniger wird, wird der Körper erneut zucken. Dann können Sie die rechte Hand sinken lassen, entspannen und schauen, ob Sie noch etwas anderes annehmen möchten. Falls ja, beginnen Sie erneut bei Punkt 3.

10. Verteilen Sie die Energie, wie beim Abschluss der Asanas.

11. Wenn Sie fertig sind, treten Sie nach rechts, im Uhrzeigersinn, heraus.

Durch die Energieannahme-Technik haben Sie die Energie aus einem Thema herausgenommen und die dahinterstehende Blockade aufgelöst. Dabei müssen

Sie gar nicht wissen, um welche Blockade es sich gehandelt hat; es reicht, die Energie in Fluss zu bringen.

Die Resonanz, die Sie früher durch diese Blockade erzeugt haben, hat sich nun aufgelöst. Sie werden keine Probleme mehr anziehen, die mit dieser Blockade verbunden waren.

Die **ERDUNG**

Menschen mit guter Erdung sind nur schwer beeinflussbar und manipulierbar.

Eine **Übung** zur Erdung – im Sitzen oder im Stehen:

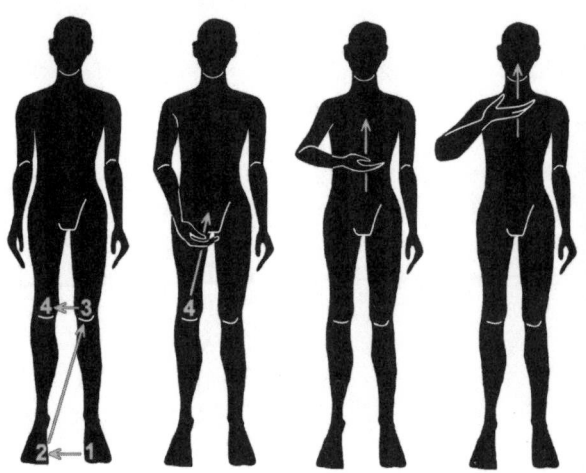

1. Gehen Sie in das G4.

2. Lenken Sie Ihre Aufmerksamkeit vom linken großen Zeh (1) zum rechten großen Zeh (2),

hinauf zum linken Knie (3), dann zum rechten Knie (4) und über das Wurzelchakra empor zum Kopf sowie weiter nach oben, über das Scheitelchakra hinaus. Mit der rechten Hand können Sie dabei den Energiefluss von 1 bis 4 begleiten und unterstützen. Schließlich können Sie mit einer schwungvollen, senkrecht aufschießenden Handbewegung vom Wurzelchakra über das Scheitelchakra hinaus den Fluss der Energie noch beschleunigen.

Möglicherweise spüren Sie unmittelbar nach der Übung einen Wärmefluss im Körper, ein Kribbeln in den Füßen oder Sie sitzen schwerer auf dem Stuhl.

Die Übung sollte dreimal wiederholt werden, damit Sie einen wirklich guten Stand haben.

Achtung, danach die Hände *nicht* überkreuzen, sonst löschen Sie die Erdung wieder.

Maria aus Murnau

Mein Leben hat sich privat und beruflich komplett verändert, seitdem ich MindFlow anwende. Ich habe den ganzen Tag über viel mehr Energie, bin viel seltener müde, und ich weiß auch, wie ich mir in schwierigen Situationen selbst helfen kann.

Ich bin Chirurgin. Wenn ein Patient zu einem Erstgespräch kommt, habe ich häufig schon ein Gespür dafür, was ihm fehlt und warum er kommt.

Vor Operationen gehe ich immer in das G4. Das Erstaunliche ist, dass bei den Operierten kaum Narben zurückbleiben und der Heilungsprozess viel besser und schneller verläuft. Es gibt viel weniger Komplikationen. Wie das möglich ist, weiß ich auch nicht. Es ist einfach so. Den Patienten werden die Blockaden genommen, und dann heilen sie sich wieder selbst.

Wenn ich ins G4 gehe, merke ich, wie sich der andere ebenfalls verändert, indem er durch mein Energiefeld mitgenommen wird. Er entspannt sich. So können dann manchmal auch gewisse Dinge gelöst werden, die den Patienten gerade beschäftigen. Und manchmal kommen Patienten gar nicht mehr, weil sich ihre Beschwerden aufgelöst haben; sie brauchen dann gar keine Operation mehr.

Leben in **G4**

Sobald ich mich in eine Ebene bewege, die außerhalb der Ebenen ist, auf denen man Energie verliert, gibt es automatisch einen Energiegewinn. Im D9–D12 bzw. G4 fließt Ihnen permanent Energie zu. Und im G4 gibt es keine Zeit; sie kann sich dehnen oder verkürzen.

Wenn Sie sich ins G4 begeben, sind Sie im D9; hier ist alles so lange gut, wie Sie sich tatsächlich im G4 aufhalten: 100% Lebensenergie! Auf den Ebenen darunter erfährt man dagegen einen dauernden Energieverlust.

Im Prinzip geht es darum, gleich wieder ins G4 zu gelangen, sobald Sie merken, dass Sie herausgefallen sind. Und sobald Sie etwas erleben, bei dem Sie ausgeliefert sind, können Sie dieser Situation entkommen, indem Sie ins G4 gehen.

In New York hat mich einmal ein Kerl überfallen und mir eine Pistole an die Schläfe gehalten. Als Stier gebe ich ungern auf ... Also fragte ich den Mann: »Funktioniert die auch?«

In dieser Sekunde hatte er keinen Fokus mehr; in dem Moment, als er den Griff lockerte, drehte ich ihm die Hand um, sodass er sie nicht mehr verwenden konnte, weil sein Finger darunter litt. Wer angegriffen wird, darf dem Angreifer alles nehmen; es ist wie eine Einladung, ihm die Lektion zu erteilen bzw. die Blockade zu nehmen. Das heißt, er konnte zumindest in der nächsten Zeit nichts mehr dergleichen tun.

(Doch Achtung, eine Reaktion wie die meine ist nicht zu empfehlen, wenn man sich nicht hundertprozentig sicher ist, die Situation zu meistern! Andernfalls ist es ratsam, dem Angreifer eben den Geldbeutel auszuhändigen ...)

Verantwortung

Sobald Sie etwas absichtslos tun, werden Sie stets die Verantwortung dafür tragen können, da Sie es mit Ihrem ganzen Wesen getan haben. An diesem Punkt gibt es auch kein »Sich-nicht-sicher-Sein«. Sobald Sie einen Impuls erhalten, bekommen Sie auch alle Informationen; alle erforderlichen Personen und Mittel werden Ihnen zugeführt.

Sobald Sie eine Information im G4 erhalten, wissen Sie es einfach. Sie haben dann das totale Gewahrsein darüber; es gibt auch keinen Einfluss mehr von außen, weil Sie sich im G4 direkt im übergeordneten geistigen Hintergrundraum befinden. Sie haben die Information und lenken die Energie. Alles richtet sich nach Ihnen aus.

Das ist der große Unterschied. Es gibt hier kein Richtig oder Falsch, kein Sicher oder Unsicher, kein Besser oder Schlechter. Sie setzen es einfach um, weil Sie es wissen. Das ist das Leben in G4.

Gefühle und Emotionen

Wir gehen noch einen Schritt weiter. Das Folgende mag für manche Leser schwer zu glauben sein, doch ich bitte Sie, es zunächst hinzunehmen. Je länger Sie diese Arbeit machen, desto besser werden Sie die Worte verstehen.

Emotionen können zu den größten Blockaden führen, die wir uns selbst auferlegen. In einer Täter-Opfer-Mentalität gilt: »Ich liebe dich, also musst du mich auch lieben.« Wenn ich einen Menschen liebe und ihn nicht verlieren will, habe ich ihn in Besitz genommen. Das Bedürfnis nach Bindung entspringt letztlich einem Mangel und der daraus resultierenden Angst, jemanden zu verlieren und alleine zu sein. Doch im Idealfall heißt es wie in »Wilhelm Meisters Lehrjahre« von Johann Wolfgang von Goethe: »*... und wenn ich dich lieb habe, was geht's dich an?*« Beide dürfen sein, und beide dürfen so sein, wie sie sind. Daraus entspinnt sich etwas Wunderbares – ohne Abhängigkeit und Koabhängigkeit.

Ich hatte einmal ein frisch verliebtes Paar im Coaching. Sie wollte sich nicht binden, aber er hat geklammert. Ich schlug ihnen vor, einfach einen Tag zusammenzubleiben. Dann noch einen Tag und noch einen Tag. Inzwischen sind die beiden seit 28 Jahren ein Paar.

Hier gilt es, zwischen Gefühlen und Emotionen zu unterscheiden: Gefühle sind sozusagen Empfindungen, die wir in uns tragen. Emotionen sind, wie die lateinische Wortwurzel besagt, Gemütsbewegungen im Sinne eines Affekts, die auf physiologischer Ebene diese Gefühle zum Ausdruck bringen, wodurch sie bewusst oder auch unbewusst erlebbar werden; sie gehen mit einer Bewertung einher und werden ausgelöst durch Erwartungen und Erfahrungen, Hoffnungen und Ängste, zum Beispiel die Angst, den Partner bzw. die Partnerin zu verlieren – was wiederum im Fall von negativ erlebten Emotionen zu Blockaden führen kann.

Schicksalsschläge

Jetzt gehen wir noch ein Stück tiefer. Als ein »Schicksalsschlag« wird etwas betrachtet, was nach unserem Ermessen falsch lief, da wir gerne »Gott spielen« und alles kontrollieren möchten. Es ist wichtig, zu verstehen, dass alles »gleich-gültig« ist – also »gleiche Gültigkeit«, den gleichen Wert hat.

Auf das G4 übertragen, könnten wir sagen: »Ich erhalte, was mir zusteht, weil ich es annehmen kann.« Im Umkehrschluss bedeutet dies bei einem »Schicksalsschlag«: Etwas oder jemand ist zum Beispiel gegangen, weil ich es/sie/ihn nicht mehr brauche. Es ist für mich nicht mehr gültig, weil nun etwas anderes die gleiche Gültigkeit erlangen wird. Da viele Menschen aber an diesem Punkt in den Emotionen der Trauer und des Verlustes hängen bleiben, können sie das andere Gültige nicht annehmen. Ihr Fokus verweilt weiterhin auf dem Verlust und der Trauer. Dabei ist das dauerhafte Gefühl der Liebe für einen anderen Menschen immer noch da, es wird nie vergehen; die Liebe bleibt bestehen und verbindet.

Wir dürfen nicht vergessen, dass es in G4 kein Opfer-Täter-Denken gibt. Sie können sich nicht auf einer übergeordneten Ebene befinden und sich als Täter oder Opfer fühlen; das schließt sich gegenseitig aus, denn dann würden Sie die Verantwortung abgeben.

Einige meiner Seminarteilnehmer haben genau an diesem Punkt Schwierigkeiten bekommen, denn sie konnten nun plötzlich ihre Opferrolle nicht mehr spielen.

Ein junger Mann hatte weder Hände noch Arme. Ich zeigte ihm, dass seine Hände trotzdem energetisch vorhanden sind. Der Vater, der ebenfalls beim Seminar war, brach bei einer Übung zusammen, denn *er* hatte die Blockade, nicht der Sohn.

Der Sohn ist mittlerweile ganz entspannt; er hat mithilfe von Prothesen das Autofahren gelernt, er hat die Opferrolle verlassen. Der Junge hat erkannt, dass er mündig ist, alles Mögliche zu tun, und dass er für sein Leben verantwortlich ist.

Gesundheit

Wenn Sie im G4 sind, wird Ihr Körper automatisch gesund; die Zellen regenerieren sich von selbst. Viele meiner Seminarteilnehmer, die das MindFlow-Konzept schon länger kennen, fühlen sich vitaler und sehen tatsächlich jünger und kräftiger aus. Denn Krankheiten sind nur Störungen und Stauungen im Energiesystem, die sich im G4 auflösen.

Konfliktsituationen

Auch als »G4ler« begegnen Ihnen Konflikte. Wie gehen Sie mit Konflikten um, wenn Sie doch in der Absichtslosigkeit und im NICHT-WOLLEN sind?

Zunächst ist immer wichtig, ins G4 zu gehen, sich energetisch zu seiner wahren Größe zu bekennen und sich in diesem Sinne aufzubauen. Sie bekennen sich zu Ihrem wahren Selbst. Sagen Sie in dieser Situation im Geiste – oder, wenn möglich, auch laut: **»Ich bin.«** Und dann schauen Sie einfach, was passiert.

Ich will Ihnen an dieser Stelle eine Geschichte erzählen, die das veranschaulicht:

Wir mussten das Dach unseres Hauses sanieren, hatten also für längere Zeit eine Baustelle. Irgendwann meinte unser Nachbar, das sei alles zu viel für ihn; ihn nervte der Umtrieb.

Eines Mittags kam meine Frau nach Hause, um kurz nach dem Rechten zu sehen. Unser Nachbar lief neben ihr her, beschwerte sich über die Parkverbotsschilder, wollte wissen, ob das Ganze überhaupt angemeldet sei usw.

Bald darauf stand die Polizei bei uns im Garten, weil jemand Anzeige gegen uns erstattet hatte. Wir konnten alles klären, Auskunft geben, woher wir die Schilder hatten usw.

Daraufhin ging ich zu unserem Nachbarn und fragte direkt: »Hast du die Polizei geholt?« Er musste es natürlich zugeben. Ich sagte zu ihm: »DU bist total schwierig. Du hast mit allen Nachbarn Streit. Warum eigentlich? Weißt du was? Ich bin jetzt auch schwierig. Von heute an bin ich auch total schwierig.« Damit spiegelte ich ihm – aus einer G4-Position heraus – sein eigenes Verhalten.

Und das war's. Seitdem hatten wir nie wieder Ärger oder Konflikte mit ihm. Ich bin im G4 geblieben, bin dem Nachbarn mit seiner eigenen energetischen Haltung begegnet, habe ihm gezeigt, wie es sich anfühlt, so zu sein, und habe auf diese Weise seine Blockade aufgelöst. Mittlerweile haben wir ein »normales« Verhältnis.

Sensible Menschen

Sie wissen: Immer greift derjenige mit weniger Energie denjenigen mit mehr Energie an. Was man darüber hinaus wissen muss: Sensible Menschen haben von Haus aus viel Energie, sind auf einem höheren Energielevel, weil sie viel »auslesen« können, das heißt vieles wahrnehmen und daraus Informationen gewinnen. Deshalb haben sie das Problem, dass viele an ihnen ziehen und viele etwas von ihnen wollen.

Der Chef sucht sich unbewusst gerade die Sensiblen, die Ausgleichenden aus, um sein eigenes niedriges Energieniveau mit Energie zu füllen, weil man diesen Mitarbeitern leicht die Energie nehmen kann. Er würde sich nicht an jemanden wenden, der weniger Energie hat, denn dort ist für ihn nichts zu holen. Er rügt und kritisiert, er »faltet« den sensiblen, ausgleichenden Mitarbeiter zusammen, der schockiert dasitzt: Die Reaktion ist da – die Energie ist geflossen. Der Chef hat Energie erhalten. Wird er wiederkommen? Sehr wahrscheinlich, ja.

All jene, von denen man denkt, sie hätten die Macht über einen und alles in der Hand, während man selbst – als sensibler Mensch – nicht weiß, wie man ein bisschen Halt bekommt, sind demnach in Wahrheit geschwächt und wollen Energie von woanders beziehen.

Gerade sensible Menschen, die sich leicht stressen lassen und immer wieder denken, sie hielten alles nicht mehr aus – all die vielen Menschen in der Umgebung, den Job, Probleme mit dem Partner usw. –, können von MindFlow profitieren.

Trauma

Traumatisierte Menschen haben enorm viel Energie gebunkert – einem Wassertank vergleichbar (siehe auch Unterkapitel »Das Energiesystem«, S. 50). Sobald sie mit der geeigneten Technik darangehen, floatet das »Wasser« über sie drüber – das Trauma ist weg. Wenn die Ursache weg ist, verschwindet auch die Wirkung; die Ursache löst sich energetisch auf.

Zahnarztbesuche sind für etliche Menschen stark angstbesetzt; schon die Haltung im Liegen ruft Emotionen des Ausgeliefertseins hervor.

Eine Zahnärztin, die mitsamt ihrem Praxisteam in MindFlow ausgebildet ist, hatte vor der Ausbildung probiert, ihre Angstpatienten zu kurieren, indem sie eine rote Nase aufsetzte oder dergleichen. Das funktionierte nicht, weil sie damit auf die Angst dieser Menschen einging und sie eher verstärkte.

Ich riet ihr stattdessen, den Bohrer aufheulen zu lassen und zu sagen: »Mist, ich habe meine Brille vergessen! Aber es wird schon gut gehen.« Teilweise erschien sie auch mit blutbespritztem Kittel beim Patienten und meinte: »Die letzte Behandlung war ganz schlimm!« Selbstverständlich musste sie die Technik beherrschen. Es hat keinen Sinn, nur zu teasen … und dann unterzugehen.

Thomas aus München

Mein Sohn Maximilian ist fast Mitte zwanzig. Er war der Auslöser, dass ich mich auf den Weg und auf die Suche gemacht habe. Durch ihn bin ich erst einmal in ein tiefes Loch gestürzt, in Schuldgefühle über seine Behinderung. Daran ist auch meine Ehe zerbrochen. Mein Bestreben war immer: Auf welche Art und Weise kann ich mit Maximilian kommunizieren?

Maximilian hatte als Frühchen eine Gehirnblutung dritten Grades. Er kann nicht sprechen, er kann nicht gehen, er ist ein hundertprozentiger Pflegefall, er muss gefüttert werden.

Aber er ist so lebensbejahend, und er strahlt! Er lebt im Hier und Jetzt. Wenn ich an ihm mit dem MindFlow-Konzept arbeite und ihm in die Augen schaue, sehe ich sofort, wie er darauf reagiert. Er hat seitdem große Fortschritte gemacht. Er ist weicher geworden. Ich habe den Eindruck, dass er mehr aus sich herausgeht. Auch seine Betreuer, die mit ihm arbeiten, sind jetzt alle happy und ausgeglichen.

Das **POWER**-Tool

In diesem Kapitel werden wir uns einer Technik zuwenden, die ich in meinen Seminaren gerne als »das Power-Tool« bezeichne. Power-Tool, um bewusst zu machen, dass wir damit wirklich unsere Realität beeinflussen können.

Zunächst gebe ich Ihnen ein paar Informationen für den Umgang mit dem Power-Tool an die Hand.

Blockaden und Kreationen

Wie nun des Öfteren erwähnt: Jeder besitzt Blockaden; manche Menschen legen sich sogar gerne regelmäßig neue Blockaden zu, und zwar oftmals zur selben Zeit, als gerade welche aufgelöst wurden: Sie sind solche Blockaden gewohnt – ihr Körper ist quasi emotional süchtig danach!

Eine Krankheit ist beispielsweise die Folge eines Energiestaus auf den unteren drei Dimensionen sowie in der Zeit, also in D1–D4. Wird nur die Krankheit geheilt, aber nicht die energetische Blockade dahinter, kann die Krankheit sich jederzeit neu manifestieren.

Je mehr Blockaden Sie besitzen, desto weniger Freiheiten haben Sie. Solange Sie Blockaden haben, halten Sie, bildlich gesprochen, die Hände geschlossen, weil Sie krampfhaft an etwas anderem festhalten. Doch mit geschlossenen Händen können Sie nichts von dem annehmen, was für Sie bereitsteht. Um empfangen zu können, müssten Sie zuerst einmal die Hände öffnen.

Ein weiteres Problem mit Blockaden ist Ihre Resonanz mit den damit verbundenen Themen (siehe Kapitel »G4 und das Gesetz der Resonanz«, S. 88f.). Sollten Sie Angst vor etwas haben, ziehen Sie genau dies im Außen an, damit Ihnen Ihre Angst immer wieder bestätigt wird. Das nennen wir »Stress-Resonanz«. Erst wenn diese Angst beseitigt wird, verschwindet auch die Resonanz, und Sie werden mit dem betreffenden Thema nicht mehr konfrontiert werden.

Doch wie gelangen Sie aus dieser Beschränkung heraus? Die Lösung ist verblüffend einfach: durch **NICHT-WOLLEN! Indem Sie etwas tun, was keinem Zweck dient – was also nicht getan wird, »um zu …« –, kann der Geist seine Freiheit zurückerlangen, und Blockaden lösen sich.** Überlegen Sie einmal, wie vieles von dem, was Sie machen, mit einem »um zu …« verbunden ist!

Der Trick besteht also darin, **Blockaden in einer höheren Dimension aufzulösen.** Je höher die Dimension, desto wirkungsvoller und effektiver löst sich die Blockade auf, im besten Fall »so weit oben«, dass sie nicht mehr von Neuem auftauchen kann – ähnlich wie bei Unkraut, das Sie an der Wurzel packen und ausreißen müssen. Frei sein bedeutet, die Möglichkeiten annehmen zu können, die Ihnen durch das G4 geboten werden. Bei MindFlow lernt man, mit seiner eigenen Existenz zu wirken. NICHT-TUN mit der Existenz …

Ein Beispiel anhand eines D4-Blockade-Problems: Steht jemand unter Zeitdruck (siehe Unterkapitel »D4«, S. 62f.), verliert er permanent Energie. Darüber hinaus: Wer gewinnt Energie, wenn Sie unter Zeitdruck sind und ein anderer, mit dem Sie verabredet sind, absichtlich zu spät kommt? Der andere!

In meinen Bundeswehr-Zeiten war um 22 Uhr Zapfenstreich; wir mussten sonntagabends fahren, um rechtzeitig da zu sein. Mein bester Freund gehörte zu denen, die dauernd zu spät erscheinen, durchaus auch zwei Stunden zu spät. Ich machte das immer wieder mit und regte mich auf – bis ich an einem Sonntagabend 5 Minuten nach unserem verabredeten 19-Uhr-Termin losfuhr …, obwohl er um 19.07 Uhr kam. Von dem Moment an war er pünktlich! Ich wollte ihn nicht ärgern; ich hörte allerdings auf, ihn in seinem Tun und seiner Blockade zu bestärken, und ich machte etwas mit meiner ganzen Existenz – und dann gibt es keinen Rückschlag.

Die Realität verändern –
der Magnet

Drehen wir diesen Gedankengang um: Sie könnten eine Energie erschaffen, die wiederum eine andere Art von Resonanz, eine gewollte Resonanz, in Ihrem Leben erzeugt. Doch Achtung, hier lauert eine Gefahr: Sie dürfen dabei nicht in eine Haltung des »Wollens« oder »Tun-Müssens« gehen! Sie heben sozusagen nur die Hand – was im G4 darstellt, dass Sie für eine Erfahrung oder eine Kreation in Ihrem Leben bereit sind.

Es geht also *nicht* um *Wollen,* sondern um *Annahme und Offenheit!* Diesen Unterschied zu verstehen ist sehr wichtig. **Es wird jenes zu Ihnen kommen, das Sie bereit sind anzunehmen, und nicht das, was Sie sich wünschen.** Hier liegt ein wesentlicher Unterschied zu vielen anderen Techniken.

Spüren Sie es! Seien Sie in der Gewissheit, dass »es« bereits eingetreten ist. Jetzt gilt es nur noch, zu empfangen. Es ist selbstverständlich, dass es zu Ihnen kommt, denn Sie leben es bereits.

Sollten Sie beispielsweise Fülle und Reichtum durch beruflichen Erfolg erzeugen wollen, wäre die Bereitschaft hierfür: *»Ich bin beruflich erfolgreich und erhalte dadurch Fülle und Reichtum in meinem Leben.«*

Spüren Sie diese Bereitschaft! Gehen Sie in sich und spüren Sie nach, was diese Bereitschaft in Ihnen auslöst.

Gibt es in Ihrem Körper Stellen, die zu zucken beginnen? Die in Widerstand gehen? Spüren Sie genau nach, wo hier noch Blockaden bestehen. Lösen Sie Blockaden mit der Energieannahme-Technik.

Die Anwendung des Power-Tools

Ich möchte Ihnen die Arbeit mit dem Power-Tool an einem konkreten Beispiel vorstellen:

Angenommen, Sie möchten sich eine Lebenspartnerschaft kreieren, getragen von Liebe, Verständnis und wohlwollendem Miteinander, so wie Sie sich eine solche Lebenspartnerschaft eben vorstellen würden:

1. Gehen Sie in das G4-Bewusstsein.

2. Erstellen Sie nun einen »Magneten«. Dazu heben Sie in der Vorstellung im G4 die Hand, in dem Wissen und der festen Überzeugung, dass Sie eine liebevolle Partnerschaft mit einem anderen Menschen bereits leben. Sie haben diese Partnerschaft *schon jetzt*. Es steckt kein Wollen und kei-

ne Absicht dahinter. Es ist auch nichts Zukünftiges, was irgendwann passieren wird, sondern existiert bereits in diesem Augenblick. Seien Sie in dem Bewusstsein, dass es bereits eingetreten ist, dann wird es Ihnen zugeführt.

3. Bekunden Sie Ihre Bereitschaft: »*Ich führe eine liebevolle Partnerschaft. Ich nehme sie an, denn sie ist bereits eingetreten.*«

4. Lassen Sie das Gefühl, das Sie damit verbinden, aus sich heraus strömen, immerfort, überall, egal wo Sie sind.

Sie haben nun einen Magneten gesetzt. Ihnen wird diese Partnerschaft begegnen, seien Sie offen, wie sie sich Ihnen zeigt. Doch vor allem: Seien Sie in der totalen Annahme!

Es kann auch sein, dass sich eine bisherige Partnerschaft dadurch verändert und sich auf dieses Niveau entwickelt. Oder die bisherige Partnerschaft löst sich auf. Alles ist möglich, und alle Wege sind offen. Wie etwas zu Ihnen kommt und welchen Weg es wählt, können Sie nicht beeinflussen. Darüber brauchen Sie sich auch keine Gedanken zu machen. Nur dass es kommt, ist sicher.

Beschleuniger einsetzen

Nun können Sie noch mit Beschleunigern arbeiten, die Ihre Energie und damit auch die Energie Ihres Magneten erhöhen. Je mehr Energie Sie haben, desto stärker ist Ihr Magnet und desto schneller wird sich Ihre Kreation manifestieren.

Möglichkeiten der Beschleunigung gibt es viele; ich erwähne hier nur eine. Sobald Sie das Prinzip verstanden haben, können Sie es für sich anpassen:

Gehen Sie beispielsweise zu Menschenansammlungen (Fußballstadien, die mit viel Energie gefüllt sind). Stellen Sie sich dort nur hin. Gehen Sie ins G4-Bewusstsein und halten Sie wie bei der Energieannahme-Technik die rechte Hand nach vorne (siehe Kapitel »Die Energieannahme-Technik«, S. 148ff.). Die linke Hand liegt auf Ihrem Oberschenkel. Spüren Sie den warmen Wind und wie die Energie in Ihrem System zirkuliert.

Jeder Mensch im G3 dient Ihnen als Energielieferant. Je größer dessen Blockaden oder Aggressionen sind, desto mehr Energie und Unterstützung können Sie erhalten und desto stärker wird Ihr Magnet. Sie steigen von D8 auf D9 (womöglich sogar auf D10 oder noch höher). Irgendwann steht Ihre Kreation so weit oben, dass sich alles nach dieser Kreation ausrichtet und es somit von selbst geschieht bzw. sich erfüllt.

Und es kommt noch besser: Je höher Ihre Energie steigt, desto mehr Energie kann Ihnen direkt aus dem G4 zufließen.

Beachten Sie dabei, *nicht im Zustand des Wollens* zu sein, sondern sich wirklich in der *totalen Annahme dessen* zu befinden, *was kommt*.

In meinen Seminaren erkläre ich dies gerne anhand des folgenden Bildes:

Zuerst pflanzen Sie ein Samenkorn (Magnet erstellen), der Same keimt. Energie fließt durch das Lösen von Blockaden und das Aufnehmen von kollektiver Energie; dies entspricht dem Gießen des Baumes. Das Bäumchen wächst weiter. Irgendwann kann es sich selbst versorgen, da die Wurzeln kräftig geworden sind und sich ausgedehnt haben.

Dies entspricht dem permanenten Zustrom von Energie aus dem G4. Genau das geschieht, sobald man sich auf D9 oder höher befindet. Es gibt dann nichts mehr zu tun, kein Gießen und kein Düngen mehr. Es geschieht und erfüllt sich.

Betina aus Magdeburg

Ich bin zwar mit Lebensfreude durch mein Leben gelaufen, trotzdem war die Handbremse immer angezogen. Das hatte natürlich Folgen, wodurch ich zu einer klassischen Sorgentante wurde und immer alle Eventualitäten bedacht habe. Ängste gehörten zu meinem Leben wie das tägliche Brot (Angst vor Hunden, Existenzangst, Angst vor dem Zahnarzt usw.). Alle meine Programmierungen aus der Vergangenheit hatte ich schon gefühlte tausend Mal bearbeitet, und jetzt weiß ich, sie haben mich nach wie vor in meinem Lebensfluss gefesselt. Das betraf alle Lebensbereiche: Familie, Job, Gesundheit, Finanzen usw. In mir tobte geradezu der Stress wie in einem Kochtopf das Wasser.

Nachdem ich MindFlow kennengelernt habe, ist es mir möglich geworden, mit einem völlig neuen Blickwinkel mein Leben anzuschauen, ohne mich zu be- bzw. zu verurteilen. Das ist so richtig entspannend. Viele der gelernten Techniken haben meinen Alltag sofort erobert und sind praktikabel – ich tue nix.

Mein Denken ist völlig neu, meine Gedanken sind stiller, achtsamer, friedvoller mir selbst gegenüber.

Fazit: Ich konnte mein Medikament gegen den zu hohen Blutdruck und das Herzrasen absetzen. Ich kann Fragen stellen und um Hilfe/Unterstützung/Ideen bitten. Meist tut sich in dem Moment, in dem ich dies tue, schon gleich die Tür auf. Ich gehe entspannt zu meiner Arbeit und kann wieder gut schlafen. Ich sorge immer besser für mich, damit es mir gut geht. Ich lache wieder viel mehr.

Natürlich war da auch erst mal ein »Loch« sowie Bedenken und Angst. Doch jetzt habe ich viel mehr Lebensenergie und Lebensfreude zur Verfügung. Ich sage es mit einem Augenzwinkern: MindFlow hat meinen »Hintern« gerettet.

Eigene Notizen

MindFlow

Eigene Notizen

MindFlow

Ein paar Fragen
und **ANTWORTEN**

Sicherlich taucht beim Lesen dieses Buches und bei der Beschäftigung mit dem System sowie der Umsetzung in die Praxis die eine oder andere Frage auf – vielleicht eine der folgenden:

▸ Wie kann ich üben, Stressenergie von anderen aufzunehmen?

Testen Sie es zu Hause mit Ihrem Partner oder mit Freunden: Lassen Sie sich beschimpfen oder mit Vorwürfen konfrontieren. Gehen Sie in die Haltung: »Ich habe dem/der anderen den Auftrag gegeben, mir das anzutun. Er/sie darf das!«

In dem Moment, wo Sie einen kleinen »Ruck« in Ihrem Körper oder in Ihrem Muskeltonus verspüren oder wenn Sie Wärme empfinden, nehmen Sie Energie auf.

▸ Werde ich durch das Üben empfänglicher, zum Beispiel für Energien aus der astralen Ebene? Kann ich lernen, die Aura zu sehen, in Kontakt mit Geistwesen zu kommen?

Wer im G4 ist, hat keinen Kontakt zu Geistwesen. Solche Kontakte finden im G3 statt. Aura-Sehen kann natürlich erlernt werden, jedoch in G3, nicht in G4.

▶ Hat das was mit schwarzer oder weißer Magie zu tun? Kann man sich »schützen«?

Schwarze und weiße Magie finden im G3 statt und arbeiten mit G3-Techniken, also Techniken der Manipulation. Im G4 sind diese Techniken nicht anwendbar, dort sind sie unwirksam.

▶ Kann ich denn mit MindFlow auch bestimmte Krankheiten gezielt behandeln?

Krankheiten behandelt der Arzt. Sie können durch G4 jedoch Ihren Körper so entspannen, dass er ohne Verspannungen funktioniert. Man muss sich das so vorstellen: Eine Muskelverspannung tut sehr weh. Je eher der Körper loslässt, desto leichter geht die Verspannung weg.

Im G4 gibt es keine Verspannungen, weder auf physischer noch auf psychischer Ebene. Wer im G4 ist, behandelt sich gar nicht, weil das einem zielgerichteten Tun entspräche. Vielmehr kann ich ins G4 gehen und meinen Körper arbeiten und sich regenerieren lassen. Schließlich hat sich auch niemand von uns willentlich vom Baby zum Erwachsenen entwickelt; das geschah einfach – im G4.

▶ **Gibt es so etwas wie »Fernheilung«? Kann ich also zum Beispiel einem anderen Menschen aus dem G4 Energie zukommen lassen, selbst wenn er sich nicht in meiner Nähe befindet?**

Wenn ich Energie übertragen will, geschieht das zielgerichtet. Das sind G3-Techniken, die nichts mit G4 zu tun haben.

MindFlow
im **GESCHÄFTSLEBEN**

MindFlow gibt Ihnen auch im Geschäftsleben die Möglichkeit, immer entspannt zu bleiben und nicht auf Ansagen Ihrer Kunden oder Ihrer Chefs zu reagieren, die Sie aus der Ruhe bringen könnten; dadurch bleiben Sie ruhig und können in jeder Situation einen klaren Kopf bewahren; Sie können Ihre Arbeit verrichten und bessere Ergebnisse erzielen, wenn Sie Ihre Energie behalten.

▶ Wie können Sie Spannungen am Arbeitsplatz auflösen?

Spannungen entstehen meistens, weil alle gestresst sind und ihre Zielvorgaben erreichen sollen; dann verliert man Energie. Spannungen mit Kollegen entstehen durch Erwartungen, die der andere nicht erfüllt – oder wenn man seine eigenen Erwartungen nicht erfüllen kann. Diesen Stress lösen Sie auf, indem Sie in das G4 gehen und sich selbst sagen: »Okay, es gibt gar keine Erwartungen – trotzdem erreiche ich meine Ziele.«

▶ Wie kann man Spannungen mit seinem Chef (oder mit der Chefin) auflösen?

Infolge des Arbeitspensums und der hohen Verantwortung sind Vorgesetzte in der Regel notorisch müde und erschöpft. Das heißt, sie treten oft an jene Mitarbeiter heran, die mehr Energie haben als sie selbst, um von diesen Leuten Energie zu holen. Sollten Sie dieser Mitarbeiter sein, dann machen Sie sich klar, dass der Chef ausgerechnet zu Ihnen kommt, weil Sie über mehr Energie verfügen als er. Mit diesem Wissen können Sie schon mal entspannt abwarten, was der Chef von Ihnen möchte.

Sollten Sie selbst der Chef sein und Spannungen mit einem Mitarbeiter haben, weil Sie merken, dass er keine Leistung bringt und Energie von Ihnen abzieht, mag es daran liegen, dass Sie als Chef eine »gute Haut« und sehr »gebend« sind, wodurch sich der Mitarbeiter auf Ihnen ausruht und Sie seine Arbeit machen lässt. Hier gilt es entgegenzuwirken: Setzen Sie dem Mitarbeiter eine Frist, und falls das nicht fruchtet, sollten Sie konsequent handeln und die Position neu besetzen.

▶ Wie können Sie einen harmonischen Umgang im Unternehmen schaffen?

Harmonie bedeutet nicht, den anderen alles durchgehen zu lassen, sondern im Gleichgewicht zu sein.

Wer im Gleichgewicht ist, hat keine extremen »Ausschläge«. Man ist für die Mitarbeiter oder Kollegen leicht einschätzbar; man ist zuverlässig, die Arbeit wird entspannt erledigt und ohne Stress zu Ende geführt. Wenn jeder Mitarbeiter weiß, wie man in der gegenseitigen Zuverlässigkeit interagiert, ist es perfekt. Dann arbeitet das Team selbstständig, effektiv und stressfrei.

▶ MindFlow bei Verkaufsgesprächen: Wie gelingt es, besser zu verkaufen?

Den Fokus aufs Verkaufen zu legen, ist nicht die richtige Herangehensweise. Wenn Sie von Ihrem Produkt überzeugt sind, können Sie jeden Einwand des anderen mit der inneren Antwort kommentieren: »Er darf das.« Immer und immer wieder. Dabei wird sich zeigen, dass Ihr Gegenüber immer ruhiger wird und die Möglichkeit bekommt, seine Blockaden hinsichtlich Ihres Angebots abzubauen. Sobald keine Blockaden mehr da sind, wieso sollte er dann nicht kaufen?

▶ Unterstützt MindFlow dabei, mehr Effizienz im Unternehmen zu entwickeln?

Ineffizienz bedeutet für mich, dass viel Energie im Prozess verschwendet wird. Wenn alle im Unternehmen das G4 kennen und darin ausgebildet sind, wird zuerst einmal der Mitarbeiter gehen, der nicht zum Unternehmen passt; die anderen Mitarbeiter sind dann entspannter und können sich um ihre Arbeit kümmern anstatt um Gruppenprozesse.

▸ **Wie kann man eine Krise oder eine drohende Insolvenz abwenden?**

Eine Krise ist als das zu sehen, was sie ist: eine Situation, die sein darf. Sobald dem Betroffenen klar wird, dass diese Situation völlig okay ist, kann er plötzlich aus seiner Verkrampfung herauskommen und Lösungen finden. Eine Insolvenz ist dann oftmals gar nicht mehr notwendig.

▸ **Wie können Sie Geldströme verbessern und privat und/oder im Unternehmen geschickt mit Geld umgehen?**

Geld ist immer ein Ausdruck der eigenen Einstellung zur Energie; wenig Geld bedeutet also, dass Sie gerne Energie an andere verschwenden. Steigern Sie Ihr Energielevel ... und das Geld »muss« dem folgen, denn energiereiche Menschen sind auch reich an Geld!

SCHLUSSWORT

Liebe Leserin, lieber Leser,

MindFlow und die hier vermittelten Tools können Sie ein Leben lang begleiten. Wann hört ein Baum auf zu wachsen? Wenn er stirbt. So gesehen sind Ihr Leben und Ihr *Mind* immer im Fluss, in einem stetigen *Flow*.

Mit diesem Buch haben Sie die Tür zu einem neuen System aufgestoßen – und dahinter verbirgt sich ein ganzes Universum. Die von mir ausgebildeten Trainer und ich vermitteln in Seminaren und Ausbildungen weiterführende und tiefergehende Übungen, aber auch Behandlungstechniken. Sie lernen zudem, Blockaden zu lösen und den Menschen dadurch zu mehr Freiraum zu verhelfen. Wie bei so vielem gilt auch für MindFlow und das G4: Übung macht den Meister.

Oder wie wäre es mit einer MindFlow-Sitzung: eine Behandlung bei einem der von uns ausgebildeten MindFlow Experts? So oder so freue ich mich, mit Ihnen in Verbindung zu bleiben. Gerne können Sie sich in den Verteiler für unseren Newsletter eintragen. Als Geschenk erhalten Sie ein Video mit schöner Hintergrundmusik, mit dem Sie die Asanas täglich praktizieren können. Über den Newsletter informieren wir Sie über alles, was rund um MindFlow geschieht, und halten Sie auf dem Laufenden. Sie finden Seminar- und Ausbildungstermine, eine Liste der Experts sowie die Anmeldung für den Newsletter unter *www.mindflow.academy.*

Ich wünsche Ihnen ein Leben im Flow!

Ihr Tom Mögele

...

Danke!

Ich möchte mich bei den vielen Menschen bedanken, ohne die dieses Buch wohl niemals entstanden wäre, insbesondere bei meiner Frau. Sie hat mich immer wieder motiviert, meine Erfahrungen mit den Lesern zu teilen. Danke an Tante Emma, Lil und Val für die verrückten Ideen.

Ich habe das große Glück, jeden Tag neue und wertvolle Menschen kennenzulernen und mit ihnen zusammenzuarbeiten; dafür bin ich sehr dankbar. Ich möchte mich hiermit vor ihnen verbeugen und »DANKE!« sagen.

Danke auch an den Momanda Verlag, der dieses etwas andere Buch ermöglicht hat.

Über den Autor

Tom Mögele war schon als Kind hellsichtig und konnte viele Geschehnisse vorausahnen. Dies war für ihn wie auch für sein Umfeld nicht einfach.

Aufbauend auf seinen eigenen Erfahrungen, seiner langjährigen Praxiserfahrung mit Klienten sowie seiner Seminartätigkeit, hat er MindFlow entwickelt – ein neues Verständnis von Ärger, Stress und Blockaden als unendliche Quelle von Lebensenergie und eine Möglichkeit, in einen Bewusstseinszustand zu gelangen, in dem es kein Tun und kein Wollen mehr gibt, uns aber sämtliche Möglichkeiten offenstehen.

Tom Mögele hat zeit seines Lebens gesucht und geforscht, um schließlich dieses System und seine Fähigkeiten weiterzuentwickeln.

Sein Wissen gibt er in Seminaren und Büchern weiter.

SEMINARE mit Tom Mögele

MindFlow Basis-Seminar

Sie lernen mit Ihrer eigenen Energie zu arbeiten, diese zu halten sowie zu erhöhen. In einer großen Gruppen-Aktivierung wird Ihr Energielevel in ein erhöhtes Bewusstsein, in das G4-Bewusstsein, angehoben. Mit Körperübungen wird Ihr Verständnis von Ihrer eigenen Energie intensiviert. Sie erlernen, Blockaden aufzulösen, und werden somit innerlich frei. Seien Sie bereit, alles für Ihr Leben zu empfangen!

Dauer: Sa., 9:30 Uhr – So., 16:00 Uhr

MindFlow Practitioner
Voraussetzung: Basis-Seminar

Die Ausbildung zum MindFlow Practitioner umfasst drei Wochenendseminare. In diesem Ausbildungsblock werden Sie zu einem aktiven Anwender des G4-Bewusstseins. Sie erlernen, wie Sie Mitmenschen sowohl passiv als auch aktiv entstressen und somit ihre Blockaden auflösen. Darüber hinaus erlernen Sie effektive Reaktionsmuster auf Angriffe und wie Sie Ihrem Gegenüber aufgrund seiner Energie immer einen Schritt voraus sind.

Dauer: 3 Wochenenden,
jeweils Sa., 9:30 Uhr – So., 16:00 Uhr

MindFlow Expert
Voraussetzung: Basis-Seminar und MindFlow Practitioner

In diesem drei Wochenenden dauernden Intensiv-Workshop erfahren Sie effektive Behandlungstechniken, um mit Klienten zu arbeiten. Sie lernen, das Energiesystem des Klienten neu auszurichten, Blockaden sowie Implantate aufzulösen und den Klienten in einen G4-ähnlichen Zustand zu versetzen, in dem er das, was er sich für sein Leben ersehnt, annehmen kann. Darüber hinaus erfahren Sie, wie Sie mit Ihrem Geist reisen können, um energetische Blockaden, die sich in hohen Dimensionen festgesetzt haben, auflösen zu können.

Dauer: 3 Wochenenden,
jeweils Sa., 9:30 Uhr – So., 16:00 Uhr

- Abschluss mit Zertifikat & Lizenz als MindFlow Expert
- Aufnahme in unsere Experts-Liste unter www.mindflow.academy.

Eine Behandlungssitzung, die Sie als Expert anbieten können, beträgt bei allen Experts den gleichen Preis von 349,– Euro.

Die Seminartermine sowie weitere Informationen finden Sie unter www.mindflow.academy